스마트하고 귀여운
마이크로비트
활용

블록 프로그래밍과 전자 공작

이시이 모루나 · 에사키 노리히데 지음
피지컬 컴퓨팅 교사연구회 편

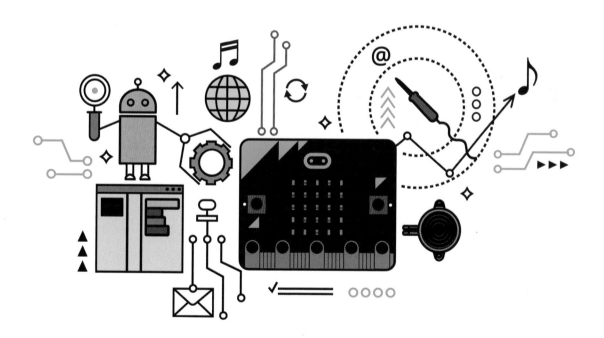

光文閣
www.kwangmoonkag.co.kr

Let's Enjoy micro:bit!

micro:bit의 매력은 무엇보다도 프로그래밍의 진입 장벽을 상당히 낮춘 프로그래밍 환경인 MakeCode와 기판 하나만으로도 단자에 무언가 연결해 가면서 즐길 수 있는 범용성이지 않을까요!

지금까지 등장하여 붐을 일으킨 마이크로컨트롤러 보드로는 아두이노(Arduino)와 라즈베리 파이(Raspberry Pi)가 있는데, 이 두 가지의 특징은 아래와 같습니다.

- **아두이노(Arduino)**
  OS 없음. 프로그래밍은 C 언어 같은 텍스트 언어임. 프로그래밍 방식은 절차형.
- **라즈베리파이(Raspberry Pi)**
  OS 있음. 프로그래밍 언어는 C 언어부터 파이썬까지 여러 가지(당연히 스크래치도 포함). PC에 버금가는 스펙. PC + 자유자재로 사용 가능한 단자도 붙어 있어 만능으로 사용 가능.

위의 두 가지와 비교하였을 때 라즈베리 파이만큼 고성능은 아니지만, 아두이노보다는 친근하다고 할 정도로 좋은 균형을 micro:bit는 겸하고 있어, 학생들을 대상으로 한 교육용 자재로도 사용되고 있습니다.

micro:bit는 영국에서는 11~12세의 학생들에게 무상으로 배급되고 있는데, 그렇게 되면 디지털 장치를 갖춘 가정이 아니더라도 이 micro:bit는 널리 사용될 것이라고 예상됩니다(학교 등의 교육 현장에서도 교재로 사용되고 있기 때문에, 가정 환경이 전부가 아니라고 생각하지만).

micro:bit가 갖는 **"가볍게 프로그래밍하고, 가볍게 무언가 만들어 보자!"** 라고 하는 실마리는 '누구든지 즐길 수 있는 교재'를 강력히 의식한 결과이겠죠.

이처럼 대단히 친근한 micro:bit이지만, CPU 코어는 ARM, mbed 플랫폼의 집약체이므로 여러 입출력 장치를 연결해서 본격적인 전자 공작(전자적 작업)을 즐길 수 있습니다.

본 책에서는 MakeCode로 프로그래밍하고 구매하기 쉬운 전자 부품을 사용한 전자 공작을 소개합니다. 아이부터 어른까지 micro:bit를 사용한 전자 공작을 폭넓고 즐거운 마음으로 다루게 된다면 좋겠습니다.

2018년 5월
이시이 모루나 · 에사키 노리히데

본 책에서 사용하는 전자 부품과 공구

본 책에서 사용하는 전자 부품과 공구는 표 1~3과 같습니다.

표 1 사용하는 전자 부품(제3장)

부품 이름	품번 / 규격	제조사	수량
micro:bit*	SEDU-037358	Micro:bit 교육재단	1*
BBC micro:bit 프로토타이핑 세트*	KITRONIK-5609	Kitronik	1
점프 와이어 팩*	SKS-100*	—	1
LED*	OSDR5113A	—	4
저항*	1kΩ	—	4
푸시 버튼 스위치*	SKRGAAD010	—	4
볼륨 저항*	3386T-EY5-103TR	—	1
압전 스피커*	SPT08	—	1
서보 모터*	PICO/STD/F	Grand Wing Servo-Tech	1
트랜지스터 어레이 IC*	TD62783APG	—	1
저항*	10kΩ	—	1
건전지 박스*	AA 건전지 × 3개	—	1
회전 서보 모터	S35 STD	Grand Wing Servo-Tech	1
A/D 컨버터 IC*	MCP3008	Microchip	1
IO 확장 IC*	MCP23S08	Microchip	1
LCD 모듈	AE-AQM1602A(KIT)	—	1
핀 헤더*	2 × 2 핀	—	1
:MOVE mini	KITRONIK-5624	Kitronik	1

※ '3.9 micro:bit 연동하기'와 제4장에서는 2개의 micro:bit가 필요합니다.

BBC micro:bit용 프로토타이핑 세트

:MOVE mini

표 2 사용하는 전자 부품(제4장)

부품 이름	품번 / 규격	제조사	수량
캠 프로그램 로봇 공작 세트	ITEM70227	타미야(Tamiya)	1
BBC micro:bit용 에지 커넥터 피치 변환 기판★	KITRONIK-5601B**	Kitronik	1
브레드보드★	82 X 53mm**	–	1
점프 와이어 팩★	SKS-100*	–	1
TB6612FNG 탑재 듀얼 모터 드라이버(핀 헤더 포함)	SFE-ROB-14450	SparkFun	1
건전지 박스(ON/OFF 스위치 포함)★	AA 건전지 × 2개	–	1
육각 서포터(M3 암수)★	BS-308E 8mm	–	2
볼트★	M3 5mm	–	2
너트★	M3	–	2
초음파 센서 모듈★	US-100	–	1
미니 브레드보드★	45 X 34.5mm	–	1
점프 와이어★	암-수 타입 150mm**	–	4

* 점퍼케이블키트(U자) PP-A303 또는 마이크로비트 기본세트(㈜제이케이이이엠씨)의 '단선 점퍼 팩'으로 대체 가능합니다.
** 제3장에서 사용하는 'BBC micro:bit용 프로토타이핑 세트'에 포함되어 있습니다.
★ 마이크로비트 기본세트(㈜제이케이이이엠씨) 구성에 포함된 부붐입니다 기타 부품은 직접 추가 구매해야 합니다. 마이크로비트 기본세트에는 micro:bit 1개를 포함하므로 추가로 1개의 micro:bit를 구매할 필요가 있습니다.

표 3 사용할 공구

필요한 공구		있으면 편리한 공구	
	십자 드라이버(나사)		정밀 드라이버
	납땜 기구		라디오 펜치
	땜납		핀셋
			전자회로 집게

본 책의 블록 프로그램 다운로드에 대해서

본 책에 게재된 블록 프로그램(MakeCode)을 독자 여러분에게 제공합니다.

광문각 홈페이지(http://www.kwangmoonkag.co.kr/) 자료실에서 다운로드한 후에 이용할 수 있습니다.

[드리는 말씀]

1. 책을 이용할 때 독자 여러분의 안전은 스스로의 책임으로 확보하십시오. 이 책에서는 기구를 이용한 다양한 전자 공작에 대해 설명하고 있습니다. 그러나 독자 여러분이 같은 작업을 할 경우 적절한 장비 및 보호 장비를 사용해야 하며, 자신의 능력·경험과 환경를 적절하게 판단하신다는 것을 전제로 하고 있습니다. 공구와 기구 등 각종 공작 작업에 사용되는 부재료를 제대로 관리하지 않거나 보호 장구를 사용하지 않는 경우에는 위험을 초래할 수 있으므로 취급에 충분히 주의하여 작업을 수행해야 합니다. 또한, 설명에 사용하고 있는 사진, 그림 단계를 더 명확하게 하기 위해, 안전을 위해 필요한 준비 보호구를 생략한 경우가 있으므로 양해 바랍니다. 문서에 따라 수행된 작업과 그 결과물이 미치는 영향에 대해서는 상기와 관계없이 책임을 지지 않으므로 미리 양해 바랍니다.

2. 독자의 학습 시점에 따라 마이크로비트 코딩 환경(https://makecode.microbit.org)과 책의 내용이 다를 수 있습니다.

3. 이 책은 다음의 환경에서 동작 확인을 시행했습니다.
   Windows 10 Pro 64bit

4. 이 책의 내용 중 [[~]]은 메뉴 또는 카테고리 이름, [~]은 코드의 블록 이름입니다. 카테고리나 블록 이름은 마이크로 코딩 환경에서 표시되는 이름을 기준으로 표기하였습니다.

5. 독자의 코드 활용도를 높이기 위해서 이 책의 각 장에서 처음 설명하고 있는 블록 이름에는 영어 블록 이름을 괄호 안에 표기하였습니다.

6. 본문 중에 기재되어 있는 회사명, 제품명, 서비스 이름은 해당 소유권자의 상표, 등록상표 또는 상품명입니다. 본 설명서에서는 ™, ® 마크는 원칙적으로 명기하고 있지 않습니다.

7. 이 책의 프로젝트 코드는 광문각 홈페이지(http://www.kwangmoonkag.co.kr/) 자료실에서 다운로드할 수 있습니다.

8. '3.9 micro:bit 연동하기'와 'A.1 :MOVE mini 만드는 방법', '제4장 타미야 로봇 제어하기' 내용에는 조립 과정 동영상에 대한 QR CODE를 수록하고 있습니다.

목차
CONTENTS

제3장 micro:bit로 전자 공작을 해보자

제4장 타미야 로봇 제어하기

부록

제 1 장

소형 마이크로컨트롤러 micro:bit

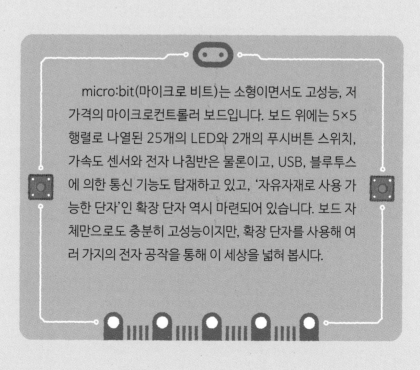

micro:bit(마이크로 비트)는 소형이면서도 고성능, 저가격의 마이크로컨트롤러 보드입니다. 보드 위에는 5×5 행렬로 나열된 25개의 LED와 2개의 푸시버튼 스위치, 가속도 센서와 전자 나침반은 물론이고, USB, 블루투스에 의한 통신 기능도 탑재하고 있고, '자유자재로 사용 가능한 단자'인 확장 단자 역시 마련되어 있습니다. 보드 자체만으로도 충분히 고성능이지만, 확장 단자를 사용해 여러 가지의 전자 공작을 통해 이 세상을 넓혀 봅시다.

1.1 여러 가지 컴퓨터

독자 여러분들 주변의 컴퓨터라고 하면 PC나 스마트폰뿐만 일까요? 지금 여러분은 인터넷의 검색이나 메일, SNS, 게임 등을 하면서 각종 디바이스를 일상적으로 사용해 오고 있을 것입니다. 아마 독자 여러분들 중에서는 이미 몇 가지의 프로그래밍 언어를 사용해 프로그램을 직접 작성하고 있는 분들도 있을 것입니다.

윈도우와 Mac 등의 PC에서는 주로 브라우저나 액셀 등의 어플리케이션을 이용하는 경우가 많습니다. 이 어플리케이션들은 PC상에서만 동작하므로 현실 세계에 있는 하드웨어, 예를 들어 LED나 모터 등에 대해서는 작동시킬 수 없습니다.

이에 비해서 최근 주목을 받고 있는 소형 마이크로컨트롤러에 micro:bit(마이크로 비트)라고 하는 것이 있습니다(그림 1.1.1). PC에 내장된 것과는 다르지만, micro:bit의 작은 기판의 위에도 작은 컴퓨터가 내장되어 있어, 프로그램을 실행시

그림 1.1.1 micro:bit은 이렇게 작다.

※ 사진의 딸기와 레몬은 micro:bit의 크기를 알기 쉽도록 넣었습니다.

킬 수 있도록 되어 있습니다. PC와 비교하면 처리 능력이 떨어지기 때문에 GUI 프로그램 등을 작동하는 것은 불가능합니다. 그 대신 LED나 스위치, 센서 등의 제어를 위한 기능이 내장되어 있어 전자회로를 제어할 수 있도록 설계되어 있습니다. 실제로 micro:bit와 같은 마이크로컴퓨터 보드에 탑재되어 있는 마이크로컨트롤러는 여러 전자기기에 내장되어 있습니다.

이와 같이 컴퓨터는 계산이나 정보 처리를 할 뿐만 아니라 전기제품이나 로봇과 같이 움직이는 것을 제어할 때도 사용됩니다. 컴퓨터의 응용 범위는 매우 넓어서 할 수 있는 것도 많습니다.

1.2 micro:bit의 시작

micro:bit는 2016년에 BBC(British Broadcasting Corporation: 영국방송협회)가 영국의 11~12세의 모든 학생에게 무료로 배포한 마이크로컨트롤러 보드입니다. 어째서 BBC가 아이들에게 무료로 배포하게 되었냐면, 현재의 영국은 기술 분야에 있어서는 인적 자원의 부족이 문제로 떠올라, 이 과제의 대책의 일환으로 아이들에게 어릴 적부터 컴퓨터와 친하게 지내도록 하여 흥미를 갖게 하자는 취지에서였습니다.

이러한 사정으로 아이들 맞춤 프로그래밍 교재로서 개발된 것이 이 micro:bit입니다만, 현재는 micro:bit 교육재단이 세계의 학생들에게 micro:bit을 알리는 활동을 하고 있습니다.

1.3 micro:bit의 구성

그러면 micro:bit에 대해 자세히 살펴볼까요. micro:bit의 구성은 그림 1.3.1과 그림 1.3.2로 설명하겠습니다.

그림 1.3.1 micro:bit의 구성(앞면)

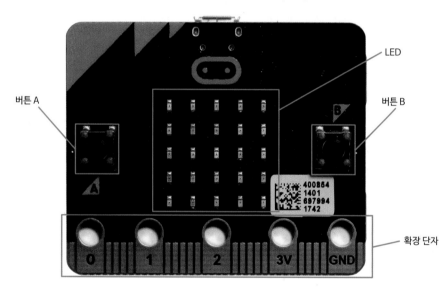

- 버튼 A, B

  푸시버튼 스위치입니다. 누르면 접점이 닫혀, low level("0")이 출력됩니다.

- LED

  5×5개로 배치된 적색 LED입니다. 프로그램으로부터는 광센서로도 사용할 수 있습니다.

- 확장 단자

  여러 전자 부품을 접속할 수 있는 확장 단자입니다. 확장 단자의 사용법은 제 3장에서 자세히 설명합니다.

그림 1.3.2 micro:bit의 구성(뒷면)

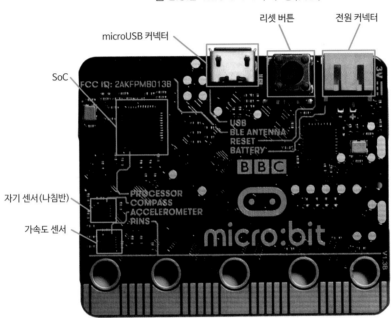

- SoC(System on Chip)

  micro:bit의 두뇌입니다. 프로그램을 실행하는 CPU 코어나 무선통신을 행하는 모듈, 온도 센서 등이 내장되어 있습니다.

- 자기 센서(나침반)

  지구 자기장을 감지하는 센서입니다. 지구 자기장의 방향을 알면 방위를 알 수 있습니다. 또한, 자기 센서로도 사용됩니다.

- **가속도 센서**

  가속도를 감지하는 센서입니다. 중력을 감지할 수 있어, micro:bit 본체의 기울어진 상태를 알 수 있습니다.

- **microUSB 커넥터**

  PC와 연결해 프로그램을 작성하기 위한 커넥터입니다. 시리얼 통신의 디바이스 드라이브를 설치해서 PC와 micro:bit 간의 시리얼 통신을 할 수도 있습니다.

- **리셋 버튼**

  micro:bit를 리셋하는 버튼입니다. 펌웨어를 기입할 때에도 사용합니다.

- **전원 커넥터**

  3V의 전원을 연결하기 위한 커넥터입니다. 1.5볼트의 AA 건전지 또는 AAA 건전지 2개를 전지 박스에 연결합니다.

1.4 프로그래밍 준비

micro:bit에서 프로그래밍을 하기 위해선 다음의 3가지가 필요합니다.

- micro:bit 본체
- PC
- USB 케이블(microUSB 타입)

micro:bit으로 프로그래밍을 시작하기 위해선, 먼저 컴퓨터에 접속합니다(그림 1.4.1). 또한, 본 책에는 편의상 윈도우 기준으로 설명하고 있지만, Mac을 사용하여도 같은 기능을 사용할 수 있습니다.

그림 1.4.1 micro:bit의 연결

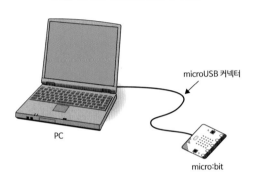

PC와 연결하기 위해서는 microUSB 커넥터가 부착된 케이블을 사용합니다.

micro:bit를 PC에 연결하면, micro:bit는 USB 메모리로 취급되어 PC에 새로운 드라이브가 할당됩니다(그림 1.4.2).

그림 1.4.2 드라이브로서 인식된 micro:bit

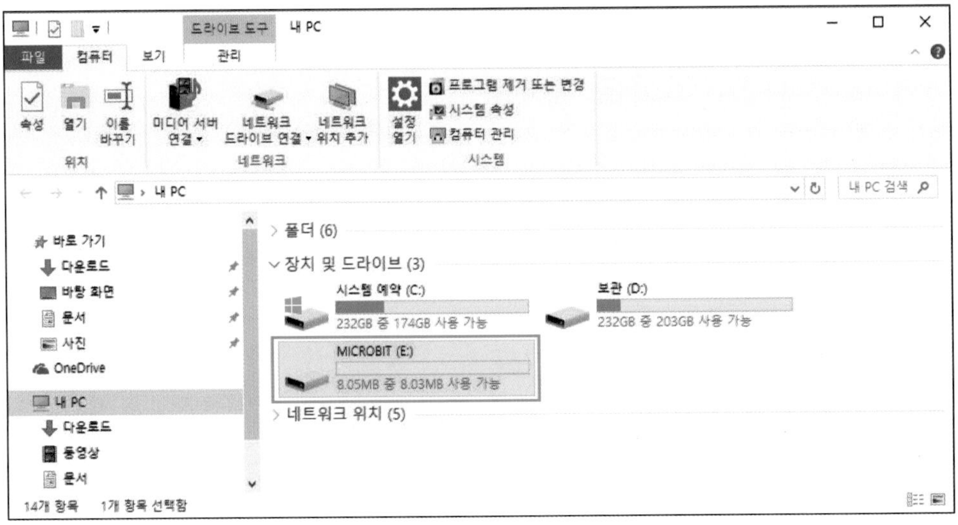

micro:bit의 전력은 USB 또는 건전지로부터 공급받아, 이들과 연결하면 micro:bit는 자동적으로 기동합니다. micro:bit가 작동하면, 쓰여져 있는 프로그램이 실행됩니다. 초기 상태에는 동작 체크 프로그램을 수행하도록 되어 있습니다.

5×5 LED 부분에 조작의 지시가 표시되므로, 이 지시에 따라 조작합니다. 순서는 다음과 같습니다.

① 'A'의 문자와 왼쪽 화살표가 표시되면, 버튼 A를 누릅니다.
② 'B'의 문자와 오른쪽 화살표가 표시되면, 버튼 B를 누릅니다.
③ 'SHAKE!'라고 표시되면, micro:bit를 상하, 전후, 좌우로 흔듭니다.
④ 'CHASE THE DOT'라고 표시된 뒤, 2개의 LED가 반짝입니다. 한쪽은 켜지고 다른 한쪽은 꺼져 있어, 켜져 있는 LED는 micro:bit를 전후, 좌우로 기울이면 이동하므로, 켜져 있는 LED의 위치까지 이동시킵니다. 이 동작을 2회 실행합니다.

이것으로 동작 체크 프로그램의 조작은 끝입니다.

다음 장에서부터는 micro:bit의 프로그래밍을 시작해 보죠.

제 2 장

MakeCode로 쉽게 프로그래밍

MakeCode는 아마도 가장 인기 있는 micro:bit의 프로그래밍 환경일 것입니다. 그래픽한 블록를 나열하는 것만으로 프로그램이 작성됩니다. 컴파일 에러도 없고, (블록을 어떻게 쓰느냐에 따라 에러가 나기는 합니다) 작성한 직후 다운로드하여 micro:bit에 써서 동작을 확인할 수 있는 이상적인 개발 환경입니다.

2.1 **MakeCode로 Hello World!**

MakeCode는 [LED 출력] 이나 [소리 출력] 등 각종의 기능을 가진 블록을 조합하는(블록 에디트) 것만으로 micro:bit를 동작시킬 수 있는 프로그램 개발 환경입니다. 스크래치와 같이 직관적인 UI(사용자 인터페이스)로 되어 있어, 타이핑이 힘든 사람도 간단히 조작해 프로그램을 작성할 수 있습니다. 마이크로소프트가 교육 용도로 개발해 제공하고 있는 마인크래프트의 프로그래밍 환경과 같이 전개되어 있습니다. 또한, 어느 정도 자바스크립트를 알고 있는 사용자라면, 블록 에디터 대신 자바스크립트 에디터를 사용할 수도 있습니다.

micro:bit 자체는 'mbed'라는 개발자용 프로토타입 환경을 베이스로 하고 있고, MakeCode나 자바스크립트 이외에도 파이썬이나 C++을 사용한 본격적인 개발도 가능합니다(그림 2.1.1).

그림 2.1.1 micro:bit에 쓰여져 있는 형태의 이미지

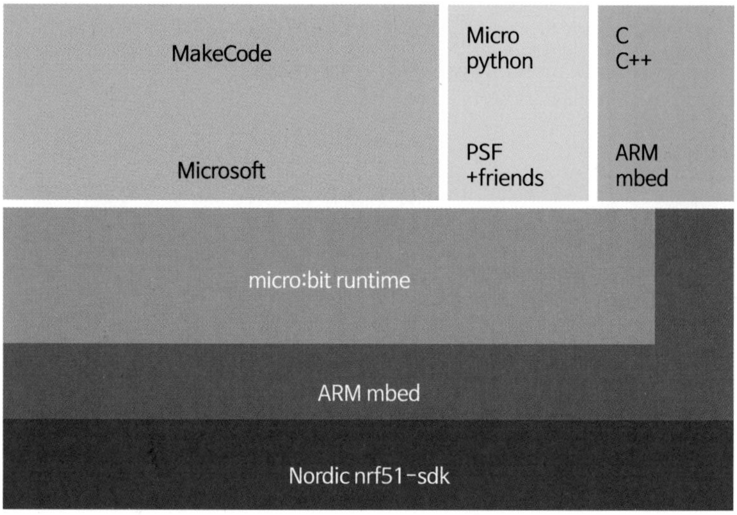

MakeCode로 대충 프로그래밍을 즐기고, 다음에는 파이썬을 사용해 보는 코스도 있겠죠.

여기서는 간단한 프로그램을 만들어, MakeCode의 기본적인 조작에 익숙해져 봅시다. 먼저 MakeCode의 페이지에 접속합니다.

https://makecode.microbit.org/#

페이지에 접속하면, 그림 2.1.2와 같이 화면이 나옵니다. 이 화면은 이미 새로운 프로젝트가 열려 있는 상태이므로, 여기서는 [시작하면 실행](on start) [무한반복 실행](forever)의 두 가지의 블록이 있습니다.

그림 2.1.2 MakeCode의 페이지

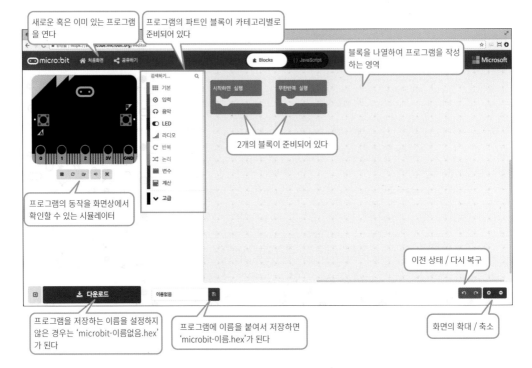

이 두 개의 블록은 말 그대로 '처음 한 번만 실행'되는 처리의 블록과 '항상 반복 실행되는 처리' 블록입니다. 또한, 사용하지 않을 블록은 드래그하여 [[툴박스]] 영역으로 이동하여 삭제할 수 있습니다.

화면 중앙의 [[툴박스]] 영역에는 카테고리별로 블록이 들어 있고, 여기서부터 꺼낸 블록을 [[워크 스페이스]]에 나열하는 것으로 프로그램을 작성합니다.

먼저, 프로그래밍의 가장 기본적인 문자열을 출력하는 프로그램을 작성해 봅니다.

[문자열 출력](show string) 블록을 [[기본]] 카테고리에서 꺼내 [무한반복 실행] 블록에 넣습니다.

그림 2.1.3 Hello World!의 프로그램

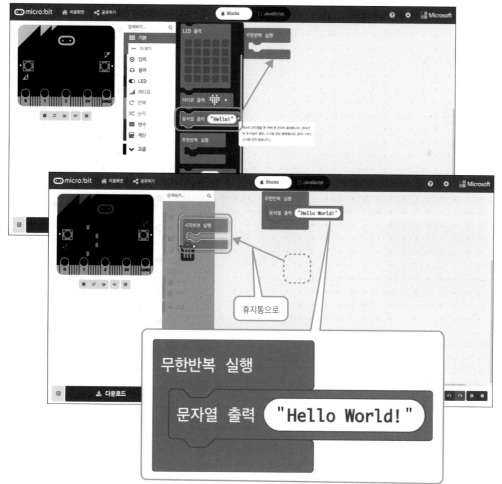

[문자열 출력] 블록의 문자열을 입력하는 부분에 'Hello World!'(또는 넣고 싶은 문구)를 입력합니다. 사용 가능한 문자는 영문자와 기호, 숫자입니다.

[시작하면 실행] 블록은 지금 사용하지 않으므로, 툴박스 영역에 돌려놓습니다. (그림 2.1.3) 툴박스 영역에 돌려놓으면 휴지통 아이콘이 나오므로, 거기에 넣어 지우면 됩니다.

프로그램을 완성했다면, 시뮬레이터로 동작을 확인해 봅시다. 시뮬레이터 메뉴의 가장 왼쪽에 있는 재생 아이콘(▶)을 클릭하면 프로그램이 실행됩니다.

시뮬레이터는 micro:bit에 프로그램을 써 넣지 않고, 즉시 테스트해 볼 수 있어 대단히 편리합니다. 부디 활용해 주세요. 하지만 아쉽게도 시뮬레이터에는 각종 센서를 사용한 입력은 불가능합니다(사용자가 임의의 값을 설정하는 것은 가능).

시뮬레이터상에 실행되고 있는 프로그램을 정지시키기 위해서는, 시뮬레이터 메뉴의 가장 왼쪽에 있는 정지 아이콘(■)을 클릭합니다(그림 2.1.4).

그림 2.1.4 시뮬레이터로 동작 확인을 한다.

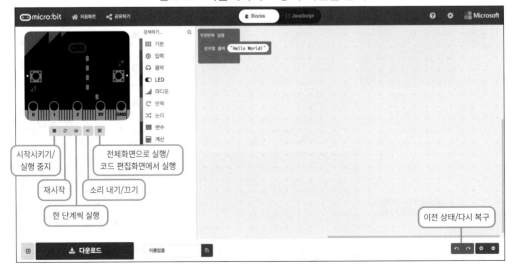

시뮬레이터상의 LED에 'Hello World!' 문자가 스크롤 되어 나타났는지요? 무사히 확인하였다면, 프로그램을 저장해 둡시다.

화면의 아래에 이름 입력란이 있으니, 프로그램의 이름을 입력하고 오른쪽에 있는 저장 아이콘 또는 '다운로드' 버튼을 클릭하세요. 브라우저의 기본 다운로드 폴더에 프로그램이 저장됩니다(구글 크롬의 경우는 C:₩Users₩사용자 이름₩Downloads 입니다. 저장되는 기본 경로는 브라우저에 따라 다릅니다). 브라우저 설정이 저장 전에 물어보는 것으로 되어 있다면, 저장 경로를 지정하는 것도 가능합니다(그림 2.1.5).

이름을 지정하지 않는 경우에는 'microbit-이름없음.hex'라는 파일명으로 저장됩니다. 이름을 붙인 경우에 'microbit-이름.hex'라는 파일명으로 됩니다. 파일명의 앞에는 반드시 'microbit-'라는 접두사가 달립니다. 그리고 마지막에 붙어 있는 .hex는 micro:bit에 탑재되어 있는 컴퓨터의 메모리상에 전개 가능한 파일 형식의 확장자입니다.

그림 2.1.5 프로그램에 이름을 붙여서 저장한다.

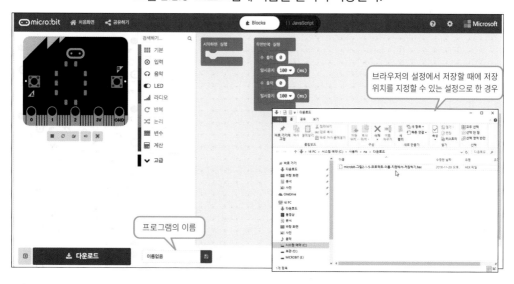

그러면 다음으로는 작성된 프로그램을 micro:bit 본체에 써 봅시다.

micro:bit를 USB 케이블로 PC에 연결하면, PC는 micro:bit를 USB 저장 장치로 인식하여, 'MICROBIT'라는 이름의 드라이버가 PC상에 표시됩니다(그림 2.1.6).

그림 2.1.6 micro:bit의 드라이브

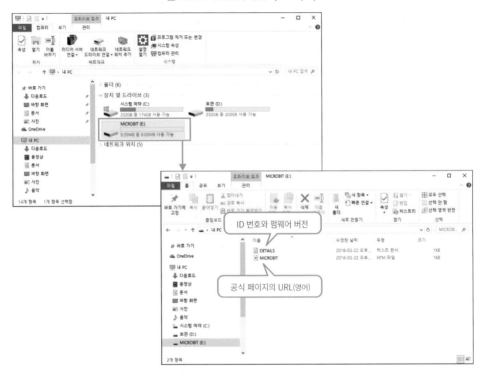

드라이브의 내용은 micro:bit의 공식 페이지(http://microbit.org/)의 파일 등입니다(공식 페이지의 파일을 열면 micro:bit의 영어판 공식 페이지 접속이 가능합니다).

조금 전에 저장한 프로그램을 micro:bit의 드라이브인 'MICROBIT'에 드래그해서 복사하면, 프로그램이 써지기 시작합니다(그림 2.1.7).

micro:bit 본체의 뒷면에 있는 LED가 점멸하고 있는 중에는 파일을 쓰고 있다는 것이니 USB 케이블을 빼지 마십시오. 쓰기가 종료되면 바로 프로그램이 실행됩니다. 또한, 여기서는 윈도우 10 PC를 기준으로 조작 방법을 설명하고 있지만, Mac에서도 동일한 동작으로 파일의 전송 등이 가능합니다.

그림 2.1.7 micro:bit에 프로그램 쓰기

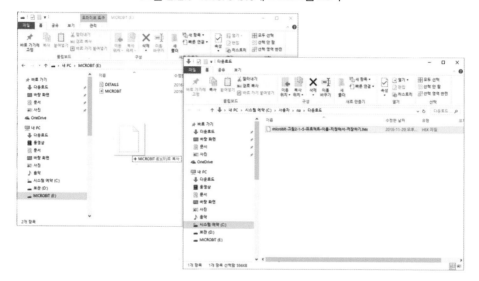

2.2 블록의 카테고리

MakeCode의 각 블록의 카테고리는 표 2.2.1과 같습니다.

각 카테고리를 클릭하면 그 카테고리에 준비되어 있는 블록이 오른쪽에 표시됩니다. 카테고리에 따라 [[더 보기]]가 아래에 나타나는 경우도 있으니, 클릭하면 나머지 블록이 표시됩니다(그림 2.2.1).

그림 2.2.1 MakeCode의 카테고리와 블록

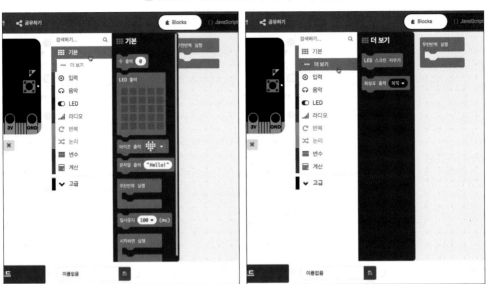

표 2.2.1 MakeCode의 카테고리

카테고리	내용
기본	LED를 표시하는 블록, [시작하면 실행], [무한반복 실행] 의 블록, 일정 시간 동작을 멈추는 [일시중지(ms)](pause) 블록 등이 있습니다. LED에 표시 가능한 것으로는 숫자, 임의의 패턴, 40종류의 아이콘, 8방향 화살표가 있습니다. 각각의 LED를 좌표로 지정해 제어하는 블록은 [[LED]] 카테고리, LED를 스프라이트로 취급해 움직이는 블록은 [[게임]] 카테고리입니다.
입력	버튼과 단자, 각종 센서, 타이머의 상태를 표시하는 블록이 있습니다. '~ 일 때' 등의 프로그램을 시작하는 트리거와 지금의 상태를 표시하는 타입의 블록이 있으므로 상황에 맞춰서 사용합시다. 또한, 같은 센서라도 용도에 따라 다른 블록이 준비되어 있습니다. 예를 들어 가속도 센서는 [흔들림](shake), [기울기](tilt), [가속도](acceleration) 등으로 나뉩니다. 버튼 입력, 단자가 터치되었을 때/터치되지 않았을 때 , [흔들림], [가속도], [밝기], [각도], [온도], [기울기], [자력], [작동시간], [경과시간] 등의 블록이 있습니다.
음악	소리를 내는 블록입니다. 소리를 내는 단자는 기본으로 단자 0이 설정되어 있습니다만, [[핀]] 카테고리([[고급]]) 아래의 [[더 보기]]에서 소리를 내는 단자를 바꾸는 블록으로 다른 단자에 설정할 수 있습니다. 이 경우 19개의 단자로부터 고를 수 있습니다. 그 외에도 [소리]의 높낮이와 길이를 지정해 내거나 쉼, 이미 있는 [멜로디]를 내보내거나, [템포 설정] 등의 블록이 있습니다.
LED	각각의 LED를 지정해 제어하는 블록입니다. LED의 경우 좌표를 지정합니다. [LED 켜기], [끄기], [반전], [상태], [LED 챠트], [밝기 설정] 등의 블록이 있습니다.

라디오(무선)	micro:bit은 오리지널 무선 프로토콜을 지원해, 여러 micro:bit 간 상호 통신할 수 있습니다. 그룹을 설정할 수 있어 다른 그룹 간의 혼선도 피할 수 있습니다. **[라디오로 수치/문자열 송신], [라디오로 수신하면 실행], [라디오 그룹의 설정]** 등의 블록이 있습니다.
반복	특정 조건이 성립 될 때 계속, 혹은 지정된 횟수만큼 처리를 반복하는 블록입니다. 변수를 카운터로서 지정해 반복하거나 배열의 요소를 변수에 넣어 처리를 요소의 수만큼 반복하는 등, 편리한 기능입니다.
논리	조건 분기 등을 위한 블록입니다. 비교, 참/거짓 등이 있습니다.
변수	변수 블록입니다. 이름이나 값을 지정해 변수, 배열 등을 사용할 수 있습니다. 변수에 설정 가능한 값은 정수뿐이며, 부동소수점은 다루지 못합니다. 스코프 설정은 불가능합니다. 배열의 설정은 [[배열]] 카테고리([[고급]])에 있습니다.
계산	계산을 위한 블록입니다. 사칙연산, 나눗셈의 나머지, 지정한 범위의 난수, 참/거짓을 랜덤으로 선택, 승, 수의 절댓값 등이 있습니다.

그림 2.2.2와 같이 [[고급]]을 클릭하면 표 2.2.2과 같은 카테고리가 표시됩니다.

그림 2.2.2 고급

표 2.2.2 **고급 카테고리**

카테고리	내용
함수	프로그램을 1개의 블록으로 나타내는 기능입니다. 설정 시 함수를 정의하기 위한 블록과 호출을 위한 블록이 생성됩니다. 매개 변수(인수=매개변수)나 반환값의 기능은 없습니다.
배열	배열을 조작하는 블록입니다. 작성, 값의 설정, 인덱스를 사용한 탐색이나 치환, 요소의 삭제 등이 있습니다. 배열을 만들 때에는 먼저 변수를 생성해 변수의 값을 설정하는 블록 안에 배열을 작성하는 블록을 넣습니다.
문자열	문자열에 대해 여러 가지 조작을 제공합니다. 정수로 변환하는 블록도 있습니다.
게임	게임을 만들기 위한 블록입니다. LED를 스프라이트(컴퓨터에서 캐릭터를 표시하는 영상 기술)로 취급하여 한 개 한 개마다 다른 움직임을 시키기 위한 블록, 점수를 제어하는 블록, 시간 카운트다운 블록, 게임 중지 블록 등이 있습니다.
이미지	LED 전체를 스크린으로 취급하여, 설정한 패턴을 표시하거나 스크롤 표시를 하는 블록이 제공되어 있습니다. 화살표 등 40개의 종류의 아이콘을 표시할 수 있습니다. 이는 [[기본]] 카테고리에 있습니다.
핀	단자의 전기적 상태를 조사해 신호를 내보내거나 하는 블록입니다. 주로 micro:bit의 단자에 입출력 기기를 연결할 때 사용합니다. 이는 제3장에서 자세히 다루겠습니다.
시리얼 통신	시리얼 통신 기능 블록입니다. 기본 설정은 USB 커넥터의 단자가 시리얼 통신의 단자로서 할당되어 있습니다. 시리얼 통신을 하는 기기를 외부에 연결하면 통신할 수 있습니다. micro:bit 끼리도 통신이 가능합니다. (본 책에서는 이에 대해 다루지는 않습니다.)
고급제어	이 그룹에서 가장 잘 사용할 것 같은 것은 [재시작](reset) 블록입니다. 말 그대로 micro:bit 프로그램을 재부팅해서 처음부터 실행하는 프로그램입니다. 게임을 처음부터 다시 하고 싶을 때 편리합니다. [이벤트 ~](event) 함수 블록을 사용하면 프로그램을 시작하는 계기를 pull down menu(▼)로부터 골라 설정 가능합니다. 그 외에 micro:bit의 시리얼 넘버를 반환하는 블록 등이 있습니다.
확장	micro:bit에 연결된 각종 장치를 제어하기 위한 블록을 추가할 수 있습니다. 새로운 패키지를 추가하는 것으로 원래 있었던 기능의 일부를 사용하지 못하게 되는 경우도 있습니다. 예를 들자면, 블루투스 패키지를 넣으면, 무선통신 기능을 사용하지 못하게 됩니다. 제4장에서 패키지 추가 방법을 소개하겠습니다.

2.3 두 개의 버튼 A, B

자, 다음으로는 버튼을 사용한 프로그램을 작성해 봅시다.

버튼에 관한 블록은 [[입력]] 카테고리에 있습니다. 버튼이 눌렸을 때 한 번만 처리하는 경우에는 [A(B) 누르면 실행](on button A(B) pressed) 블록을, 눌렸을 때 계속 처리를 진행하는 경우는 [[논리]] 카테고리의 [만약(if) ~ 이면(then) 실행](if ~ then) 블록에 [A(B) 누르면 실행] 블록을 사용합니다. [A(B) 누르면 실행] 블록은 실제로는 버튼을 누르고부터 떼는 타이밍으로 처리가 가능합니다.

예를 들면 A 또는 B 버튼이 눌렸을 때, 눌린 버튼에 대해 'A' 또는 'B'를 LED에 표시하고 싶을 때에는 그림 2.3.1과 같이 프로그램을 작성합니다.

[A(B) 누르면 실행] 블록은 [[입력]] 카테고리에서, [문자열 출력] 블록은 [[기본]] 카테고리에서 꺼내 주세요. [A(B) 누르면 실행] 블록은 풀다운 메뉴(▼)로부터 'A', 'B', 'A+B'(동시 누름)를 선택할 수 있습니다.

그림 2.3.1 버튼 A, B를 눌렀을 때에 A, B를 표시하는 프로그램

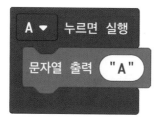 

그런데 LED를 한 번 켜면 '끄기'라는 처리를 하지 않는 한 계속 켜진 상태를 유지합니다. 그러므로 이 프로그램에서는 버튼을 눌러 'A' 또는 'B'를 표시하면, 버튼

으로부터 손을 뗀 후로도 계속 표시되게 됩니다. 버튼을 누르고 있지 않을 때는 LED에는 아무 표시도 없도록 할 때에는 어떻게 하면 좋을까요?

[무한반복 실행] 블록에 [LED 스크린 지우기](clear screen) 블록(둘 다 [[기본]] 카테고리)을 넣는 것이 어떨까요(그림 2.3.2).

시뮬레이터로 작동시켜 보면 버튼을 눌렀을 때 문자는 한순간만 표시되고 바로 꺼지는 걸 알 수 있습니다. 이것은 버튼을 누른(정확히 말하자면 버튼으로부터 손을 뗀 순간) 순간에 LED에 문자가 표시되는 처리가 한 번 실행되고, 바로 [무한반복 실행] 블록의 처리로 없어지는 것입니다.

그림 2.3.2 버튼 A, B를 눌렀을 때 A, B를 표시하고,
아무것도 눌리지 않았을 때 아무 표시도 하지 않는 프로그램

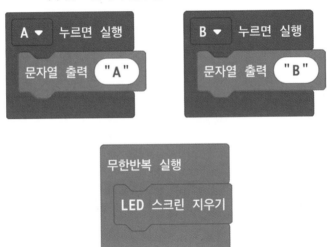

이런 경우에는, 스위치가 눌려진 때를 계기로 하지 않고, 항상 스위치 상태를 조사해, 상태에 따른 처리를 하는 것이 좋습니다. 이 방법으로 프로그램을 다시 작성해 봅시다.

[무한반복 실행] 블록 안에 [만약(if) ~ 이면(then) 실행]이라는 조건 분기 블록을 사용합니다. [[논리]] 카테고리에서 꺼내 주세요.

[만약(if) ~ 이면(then) 실행] 블록은 ⊕ 아이콘을 클릭하면 다른 조건이나 [아니면서 만약(else if) ~ 이면(then) 실행](else if ~ then) 이라는 경우의 수를 추가할 수 있습니다. ⊖아이콘을 클릭하면 선택한 블록이 삭제됩니다(그림 2.3.3).

그림 2.3.3 [만약(if) ~ 이면(then) 실행] 블록을 확장

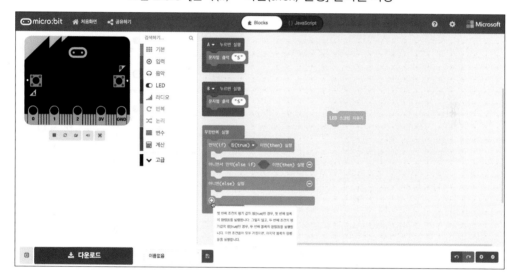

[무한반복 실행] 블록 안에는 버튼 A와 B의 상태를 조사해 둘 다 눌리지 않았을 때 표시를 없애는 프로그램으로 변경해 보았습니다(그림 2.3.4).

시뮬레이터를 이용하면 생각한 대로 동작하는지 확인이 가능합니다.

그림 2.3.4 버튼 A와 B를 눌렀을 때 A와 B를 표시하고,
둘 다 눌리지 않았을 때는 표시하지 않는 프로그램의 개선

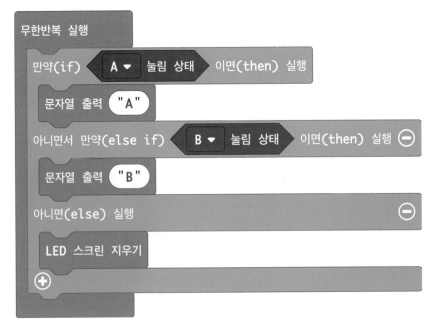

여기까지의 내용을 토대로, 버튼을 사용하는 간단한 게임을 만들어 봅시다. 버튼 A만, 버튼 B만, 버튼 A, B 모두의 3가지 패턴의 어느 하나를 난수로 사전에 지정하여 놓고, 이에 알맞게 버튼을 누르면 빙고가 되는 게임입니다.

난수를 만드는 블록은 [[계산]] 카테고리에서 꺼내 주세요. 난수의 범위는 0부터인 것이 고정이므로, 0부터 2까지의 0, 1, 2의 3가지 패턴을 사용합니다. 0이면 버튼 A만, 1이면 버튼 B만, 2이면 모두 누르는 처리를 정해 두고, [시작하면 실행] 블록에서 발생된 난수를 변수의 값으로 설정합니다.

변수의 값을 설정하는 블록은 [[변수]] 카테고리에서 꺼내주세요. [[변수]] 카테고리에서 [[변수 만들기…]]를 클릭해서 사용할 '새 변수 이름'을 입력하세요. '변수'라는 이름 그 자체로 사용해도 됩니다(그림 2.3.5).

그림 2.3.5 버튼 맞추기 퀴즈

A+B ▼ 누르면 실행

만약(if) 변수 ▼ = ▼ 2 이면(then) 실행

문자열 출력 "Bingo!"

아니면(else) 실행 ⊖

문자열 출력 "Game Over!"

⊕

재시작

한 번이라도 틀리면 게임이 끝나므로, 맞출 때까지 계속하도록 만들어 봅시다.

[무한반복 실행]이라는 블록 안에 3가지 버튼의 상태를 순서대로 나열해, 맞다면 'Bingo!'라고 표시하고 게임을 끝내며 리셋, 맞지 않다면 누른 버튼의 이름을 표시해 게임을 계속합니다(그림 2.3.6).

여기까지의 주의할 점은, 버튼 A와 B가 양쪽 모두 눌렸는지 처음에 판정하는 것입니다. 버튼 A만(또는 버튼 B만)을 먼저 판정하면 모두 눌렸을 상태에도 '버튼 A(B)가 눌렸음' 조건에 맞아떨어지니, '버튼 A(B)가 눌렸음'이라는 판정을 하게 되어, 동시 누름 판정이 불가능하게 됩니다.

그림 2.3.6 그림 2.3.6 버튼 맞추기 퀴즈(맞출 때까지 계속)

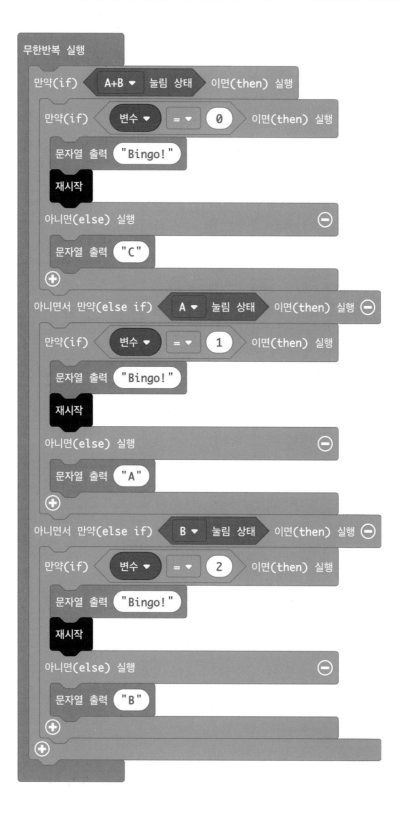

2.4 가속도 센서

가속도 센서란, 말 그대로 물체의 속도의 가속도를 측정하는 센서입니다. 차가 속도를 올리는 것도 가속도이며, 차를 타고 있을 때 굽은 길을 돌 때 느끼는 밀려지는 힘도 가속도에 해당합니다. 또한, 물체가 정지 상태일 때도, 중력에 의한 가속도가 걸려 있습니다. 중력 가속도 덕분에 자연 낙하하는 물체는 가속되면서 떨어집니다.

가속도 센서로 물체의 기울기를 측정할 수 있는 것은 물체의 각 면의 중력 가속도를 조사해, 수평 상태의 값과 비교해 경사를 알 수 있기 때문입니다(그림 2.4.1). 또한, 물체의 가속도를 조사해 기록으로 남기는 것으로 '낙하' '흔들림' 등의 '변화' 역시 감지가 가능합니다. 중력 가속도는 지역에 따라 매우 적은 값의 차이는 있지만, 지구상의 어느 지점이더라도 약 1G입니다.

그림 2.4.1 중력가속도와 각도

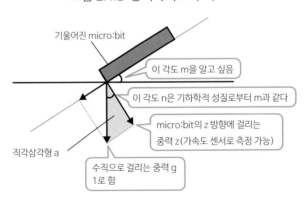

직각삼각형 a의 한 변(중력 g=1)과 중력 z의 길이의 비율
(삼각비)에서 각도 n 및 m을 알 수 있다

micro:bit의 가속도 센서는 기본적으로 2G까지 측정 가능합니다.

또한, 3개의 축의 가속도를 측정할 수 있는 형태라서, XYZ 각 방향에 걸리는 가속도를 알 수 있습니다(그림 2.4.2).

micro:bit에 얼마나 가속도가 걸려 있는지 측정해 봅시다. 1G를 0부터 1023의 1024개의 레벨로 표시합니다. 최대의 경우 2G로, 2046이 됩니다. 예를 들어 micro:bit에서 LED 측을 위로 올려 위치하면 위로부터 걸리는 가속도의 방향이 z 축으로, 마이너스 값을 표시합니다(가속도 센서 IC는 micro:bit의 뒤쪽에 내장되어 있기 때문에 위로부터의 벡터가 마이너스 값입니다).

LED 측을 아래로 하면 반대로 플러스 값이 되겠죠.

그림 2.4.2 중력가속도와 3개의 벡터

Z축 (앞면이 위로 갈 때는 -값)

Y축 (커넥터 측이 위로 갈 때는 +값)

X축 (좌측이 위로 갈 때는 +값)

Z축

Y축

경사지게 하면
각 축에 조금씩 중력 가속도가 걸림

버튼 A를 누르면 y축, 버튼 B를 누르면 z축, 둘 다 누르면 x축의 가속도를 표시하는 프로그램은 그림 2.4.3과 같습니다.

그림 2.4.3 가속도를 측정하는 프로그램

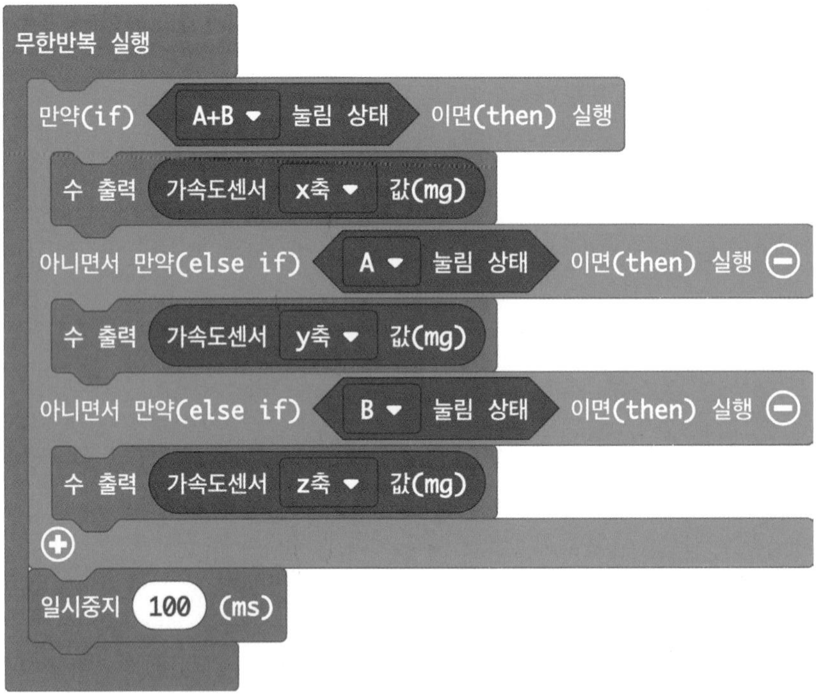

가속도 센서를 사용한 블록은 용도에 따라 몇 가지가 있습니다.

주목할 만한 것은 [흔들림] 블록은 없는 것일까요? 이를 사용하여 micro:bit를 흔들 때마다 임의의 표시를 하는 프로그램을 작성해 봅시다. 운세 뽑기와 같이 말이죠.

[시작하면 실행] 블록으로 미리 LED의 표시 패턴을 배열에 준비해 두고, [흔들림]마다 난수로 요소를 선택해서 표시합니다.

(1) 배열 설정

배열은 먼저 [[변수]] 카테고리에서 [변수 만들기...]로 새로운 변수를 만들고, [[배열]] 카테고리의 [(list ▼) 값 (1) (2) 저장](set ~ ▼ to array of 1 2)블록을 넣습니다. 그 다음 배열의 변수를 설정합니다. ⊕ 아이콘을 클릭하여 배열의 요소를 늘리면 [배열](array) 블록에 '값' 블록을 추가할 수 있습니다(그림 2.4.4).

이번에는 배열의 요소로서 LED의 표시 패턴을 설정할 것이므로, [[고급]]의 [[이미지]] 카테고리로부터 [이미지](create image) 블록을 꺼내 주세요.

그림 2.4.4 배열의 설정

(2) 배열로부터 요소의 추출

[[배열]] 카테고리의 [(list ▼) 값 (1) (2) 저장] 블록으로 요소를 추출할 수 있습니다. 요소를 고르는 인덱스에 난수를 사용합니다. 추출한 요소는 '이미지'이므로 [[고급]]의 [[이미지]] 카테고리에 있는 [(~ ▼)의 (0)번 위치부터 출력](show image ~ ▼ at offset 0) 블록을 넣습니다(그림 2.4.5).

이 블록은 왼편에서부터 지정된 숫자(offset)만큼 오른쪽으로 위치를 옮겨서 패턴을 표시하는 기능입니다만, 0으로 설정하면 그대로 표시됩니다.

그림 2.4.5 흔들 때마다 표시가 바뀌는 프로그램

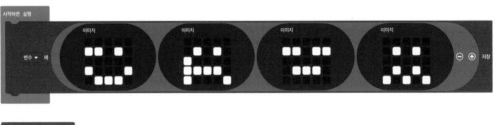

2.5 자기 센서

자기 센서는 자기와 전자 나침반의 블록을 지원합니다. 둘 다 [[입력]] 카테고리에 들어 있습니다. 자기 센서의 측정에는 지구 자기장 역시 포함되어 있으므로 자석이 없어도 항상 약 46uT(마이크로 테슬라) 정도가 측정됩니다. 측정하는 자력의 방향은 3개의 축으로부터 선택할 수 있는데, 단지 자력을 조사하고 싶은 경우는 '크기'로 설정합니다.

예를 들어 자석을 비접촉 스위치로써 쓰고 싶을 때(micro:bit에 자석이 다가가면 일종의 처리를 하는)의 경우는, 그림 2.5.1에 나타낸 프로그램에 가지고 있는 자석의 자력을 측정하고 나서부터 사용하는 것이 좋겠죠.

더 나아가서, 자기장 센서의 블록('자력', '각도')을 사용한 프로그램을 작성하면, 먼저 calibration(보정) 프로그램을 시작합니다. 점멸하는 LED로 원을 그리듯 기울여 주세요.

그림 2.5.1 자기 센서로 자력을 조사하는 프로그램

전자 나침반 블록은 수치로 각도를 나타냅니다. 이것은 지구의 핵이 자력을 갖고 있어 북극에 가까울수록 S극, 남극에 가까울수록 N극인 것을 이용해 감지하는 것입니다(그림 2.5.2).

그림 2.5.2 지구 자기장

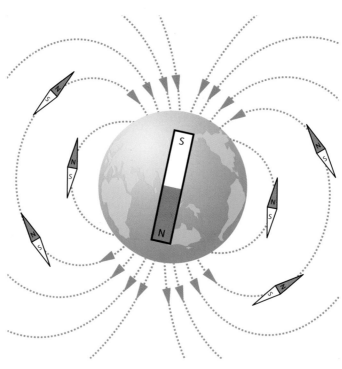

micro:bit에는 이미 8개 방향의 화살표를 LED에 표시하는 블록이 내장되어 있으므로 이것을 사용해 전자 나침반 프로그램을 작성해 봅시다.

전자 나침반 블록은 0부터 359까지의 값을 갖고, micro:bit의 커넥터 부분이 정북을 가리킬 때 0의 값을 갖습니다(그림 2.5.3).

그림 2.5.3 micro:bit의 방향과 전자 나침반의 값

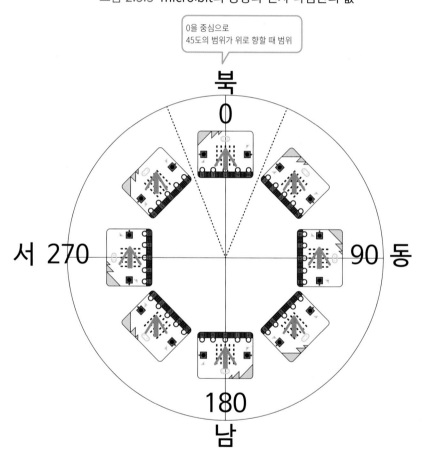

전자 나침반으로 8개의 방향을 조사하면 0부터 359까지 값을 8개로 분할하면 좋겠지만, 0이 북의 중심이므로, 그림 2.5.4처럼 생각해 봅시다.

그림 2.5.4 전자 나침반의 값과 각도

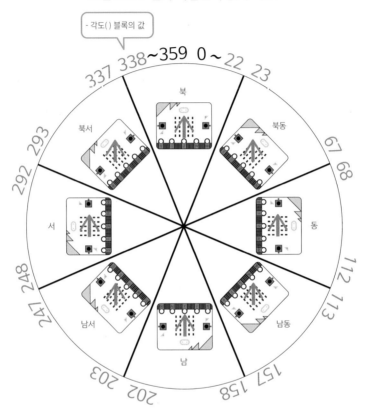

프로그램은 그림 2.5.5와 같습니다. 취득한 전자 나침반의 값을 변수에 대입하여 놓고, 8개의 방향중에서 어느 범위인지 조사해 LED에 화살표를 표시합니다.

이와 같은 판정 부분의 처리가 길어질 경우, 판정 도중에 센서의 값이 변할 수 있다는 걸 고려해 변수에 대입해 둔 값을 판정하는 것도 좋습니다.

[화살표 출력](show arrow) 블록은 [[기본]] 카테고리의 [[더 보기]]에서 꺼내 주세요. 판정을 위한 [만약(if) ~ 이면(then) 실행] [~ >= ~] [~ 그리고(and) ~] 블록은 [[논리]] 카테고리에 있습니다.

그림 2.5.5 전자 나침반 프로그램

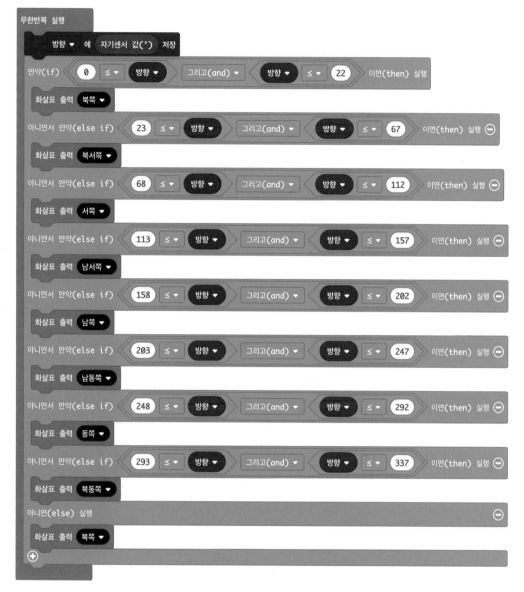

판정에 사용할 [만약(if) ~ 이면(then) 실행] 블록의 아래 ⊕ 아이콘을 클릭하면
판정 처리의 수를 늘릴 수 있습니다. 자동으로 [아니면(else) 실행]은 [아니면서 만
약(else if) ~ 이면(then) 실행]으로 변경되며, 아래에 [아니면(else) 실행] 블럭이 추
가로 연결됩니다(그림 2.5.6).

그림 2.5.6 else if를 늘리기

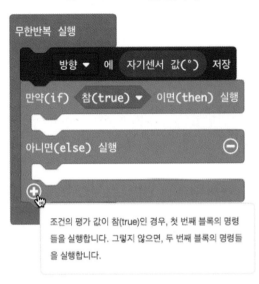

2.6 조도 센서

micro:bit의 LED는 조도 센서로도 사용할 수 있습니다. 이것은 빛이 닿으면 전류가 흐르는 반도체의 '광 기전력'을 이용한 기능입니다. 빛의 강도는 0부터 255까지의 단계로 표시됩니다.

조도 센서의 값을 막대그래프로 나타내 봅시다. 막대그래프 블록은 표시할 값과 최댓값을 설정해야 합니다. 조도 센서의 최댓값은 255이지만 야간의 실내에서는 100 전후의 값을 가지므로 환경에 따라서 최댓값을 설정해 주세요. 너무 작은 값으로 설정하면 변화를 보기 힘들겠죠.

그림 2.6.1의 프로그램은 최댓값을 150으로 설정한 프로그램입니다.

그림 2.6.1 밝기를 막대그래프로 표시

2.7 온도 센서

micro:bit의 온도 센서는 micro:bit의 SoC(실리콘의 위에 내장된 컴퓨터 시스템)에 내장되어 있으므로 측정하는 것은 SoC 내부의 온도입니다. 측정한 온도는 주변보다 높은 경우가 많겠죠.

또한, 측정할 수 있는 범위는 -5에서 50도입니다.

[온도센서 값(℃)](temperature) 블록은 [[입력]] 카테고리에 있습니다(그림 2.7.1).

그림 2.7.1 온도 측정 프로그램

2.8 게임을 위한 특별한 블록

　　[[게임]] 카테고리에는 LED를 한 개의 스프라이트(LED가 켜지고 커지는 모양을 게임 캐릭터같이 보여 주는 것)로 다루는 블록, 스코어나 시간 제한을 관리하는 블록 등 편리한 블록이 모여 있습니다.

　　이것들을 사용한 간단한 게임을 두 가지 소개합니다.

(1) 순서 기억 게임

- 포인트 : 상태와 상태가 바뀌는 계기에 따라 게임 진행을 조정함

　　　　[점수를 ~으로 설정] (set score ~) [게임 종료] (game over)

　　　　[~(ms) 카운트다운 시작] (start countdown)의 블록

　　LED 화면 위에 'A' 또는 'B' 알파벳이 랜덤으로 3개 표시되므로 그 순서를 기억해 표시되는 순서대로 버튼 A와 B를 눌러 답하는 게임입니다. 예를 들어 A - B - A 순으로 표시되면 A - B - A 순으로 버튼을 누르는 것이죠.

　　답한 3개의 순서가 맞으면 1점 추가, 틀리면 게임 종료입니다.

　　제한 시간은 30초로, 끝나면 점수가 표시됩니다(그림 2.8.1).

　　이 게임 프로그램의 전체 모습은 그림 2.8.2와 같습니다. 그렇다면 각각 봐 볼까요.

그림 2.8.1 순서 기억 게임

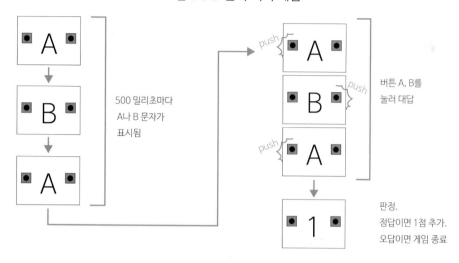

그림 2.8.2 순서 기억 게임 프로그램 전체 모습

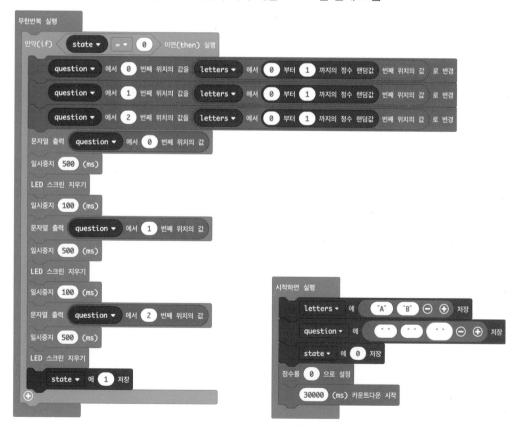

이와 같이 '알파벳이 순서대로 표시됨 > 정답의 버튼을 누름 > 판정'이라는 흐름으로 게임이 진행되는 프로그램에서는 이 게임이 어디까지 진행되고 있는지를 관리하는 것이 필요합니다.

게임 진행 변수를 지정하여 게임이 진행될 때마다 변수를 갱신합니다. 진행 '상태 (state)'와 어느 '상태'로부터 다음의 '상태'로 이동하는 '계기(event)'를 정리해 봅시다.

이번 게임에서는 LED에 A나 B를 랜덤으로 3개의 문자를 표시하는 상태를 '0', 정답 버튼 누르기를 기다리는 상태를 각각 '1', '2', '3'이라고 하였습니다. 상태 '0'부터 '1'으로 이동하는 계기는 3개의 문자가 표시되고 사라질 때입니다. 상태 '1'로부터 '2', '2'로부터 '3'으로의 이동은 버튼 A 또는 버튼 B가 눌린 것이 계기가 됩니다.

또한, 버튼이 눌렸을 때를 계기로 하여 정답 여부의 판정을 합니다(그림 2.8.3).

그림 2.8.3 순서 기억 게임의 상태 이동

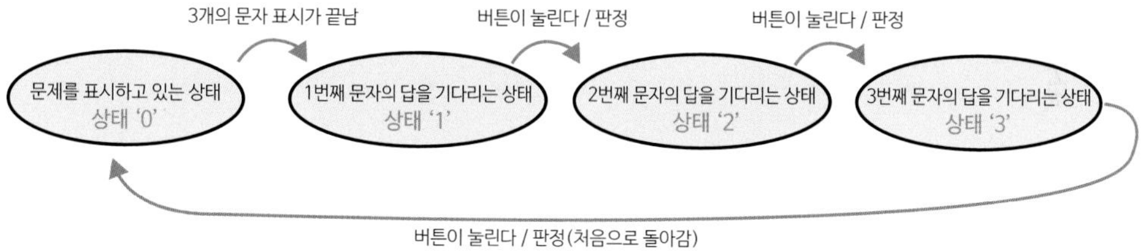

그러면 각 블록을 살펴봅시다.

먼저 [시작하면 실행] 블록에 알파벳의 배열 'letters'와 문제용의 배열 'question'을 작성합니다. 먼저 [text list▼ 값 array of ("a") ("b") ("c") 저장] 문자열 배열 블록을 [시작하면 실행] 블록에 넣습니다. 그다음 'text list ▼'를 클릭해서 pull down 메뉴의 '변수 이름 바꾸기...'를 선택한 후 변수 이름을 생성합니다.

이번에 다룰 것은 알파벳이므로 '문자열'을 배열에 넣게 됩니다. 문제용 배열은 게임이 시작되고 난 후에 채워질 것이므로 [array of ~]의 요소인 "A" "B" "C"를 지워서 공백 문자를 설정합니다.

이후엔 'state(상태)'의 변수와 점수를 각각 0으로 초기화해 카운트다운을 시작합니다. '카운트다운 시작' 블록은 단위가 밀리초이므로 30,000을 설정하면 30초부터 카운트다운하게 됩니다. 카운터가 0이 되면 게임 종료 애니메이션이 표시되고, 점수가 표시되도록 되어 있습니다(그림 2.8.4).

그림 2.8.4 [시작하면 실행] 블록

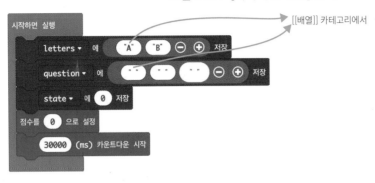

다음엔 '상태 0'일 때의 블록입니다. [무한반복 실행] 블록을 사용하지만, '상태' 변수가 0일 때만 실행됩니다(그림 2.8.5).

그림 2.8.5 상태 0 블록

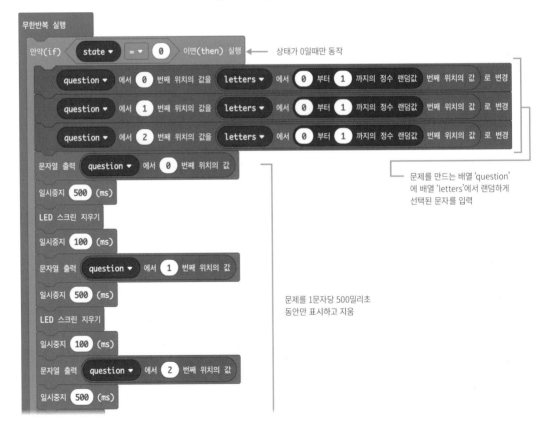

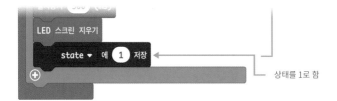

상태를 1로 함

먼저 문제용 배열 'question'에 배열 'letters'로부터 알파벳을 골라 넣습니다. 랜 덤 순서이므로 'letters' 배열로부터 값을 추출하는 인덱스에는 0이나 1의 난수를 사용합니다.

'question'에 문제를 세팅하면 문자를 순서대로 LED에 표시합니다. 같은 알파벳 이 계속되는 경우 역시 구별할 수 있도록 한 개 문자를 표시한 뒤 일정 시간 뒤에 표시를 지우고 나서 문자를 표시하도록 되어 있습니다.

다음에는 답을 입력하기 위한 '버튼 'A' 또는 'B'가 눌렸을 때' 블록입니다. '상태' 변수가 1 이상이거나 3 이하일 때 실행됩니다.

먼저 'question' 배열과 입력된 답이 일치하는지 조사합니다. 몇 번째의 문자에 대해 답하고 있는지는 '상태' 변수로 알 수 있습니다. 예를 들면, '상태' 1이면 첫 번 째 문자에 대해 답하고 있는 것이죠. 하지만 배열의 인덱스는 0부터 시작됩니다. '상 태'로부터 1을 빼서 인덱스에 대응하는 문자와 눌려진 버튼이 같은지 조사합니다.

답이 맞을 경우에는 상태를 1씩 더하여 진행시킵니다. 아직 3개 문자에 대한 회 답이 끝나지 않았다면 이 블록의 처리는 끝입니다. 만약 '상태'의 변수가 4라면 3번 째 답이 끝나고 모두 정답이니 점수에 1을 더합니다.

점수를 더한 뒤에는 500밀리초 정도 정지 시간을 가집니다. 이것은 점수 추가 애니메이션이 표시되는 대략의 시간입니다. 점수를 더하고 바로 '상태'를 0으로 돌려버리면 점수 추가 애니메이션이 문제를 표시하는 애니메이션과 겹쳐 버리므로 그에 따른 대책입니다.

만약, 입력한 답(누른 버튼의 알파벳)과 'question' 배열이 같지 않다면 게임 종료입니다. 게임 종료 애니메이션이 나온 뒤 점수가 표시됩니다(그림 2.8.6).

그림 2.8.6 상태 1~3의 블록 (버튼 A의 경우)

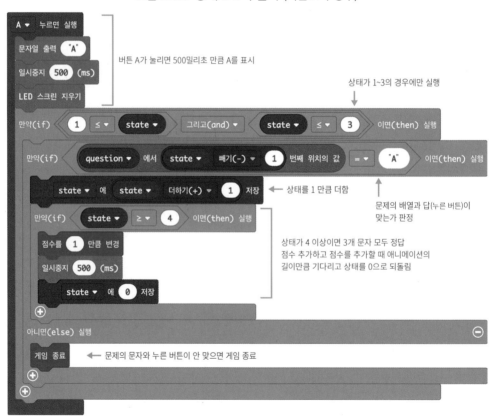

3개의 알파벳을 기억하는 것은 그리 어렵지 않지만, 정답의 횟수도 기억하게 하는 프로그램이라면 조금 어려워지겠죠. 이것 역시 도전해 보세요.

(2) 떨어지는 공을 잡는 게임

• 포인트 : LED를 스프라이트로 제어함

공으로 보이는 스프라이트가 위에서 아래로 떨어지는 것을 받아내는 게임입니다. 공을 잡았다면 1점을 추가합니다. 점수의 초깃값을 3점으로 두어, 놓칠 때마다 점수를 1씩 뺍니다. 무사히 잡았다면 1점을 추가합니다. 점수가 0점이 되면 게임 종료입니다(난이도가 낮아, 좀처럼 게임 종료가 되지 않으므로 익숙해지면 초기 점수를 0으로 해도 좋습니다).

버튼 A를 누르면 글로브처럼 보이는 스프라이트가 왼쪽으로 1만큼 이동하고, 버튼 B를 누르면 오른쪽으로 1만큼 이동합니다(그림 2.8.7, 그림 2.8.8).

그림 2.8.7 떨어지는 공을 잡는 게임

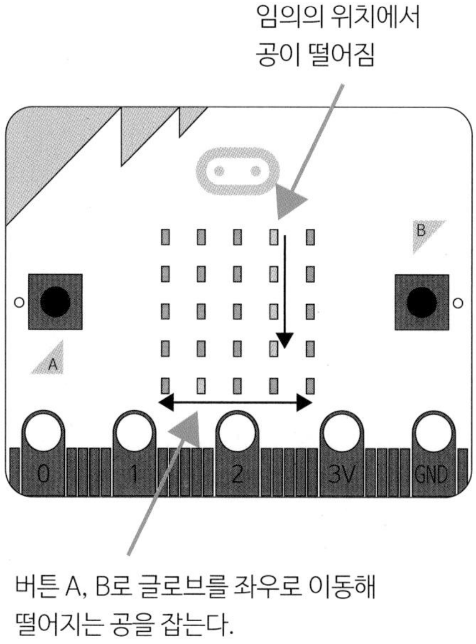
임의의 위치에서
공이 떨어짐
B
A
0
1
2
3V
GND
버튼 A, B로 글로브를 좌우로 이동해
떨어지는 공을 잡는다.

그림 2.8.8 떨어지는 공을 잡는 게임 프로그램

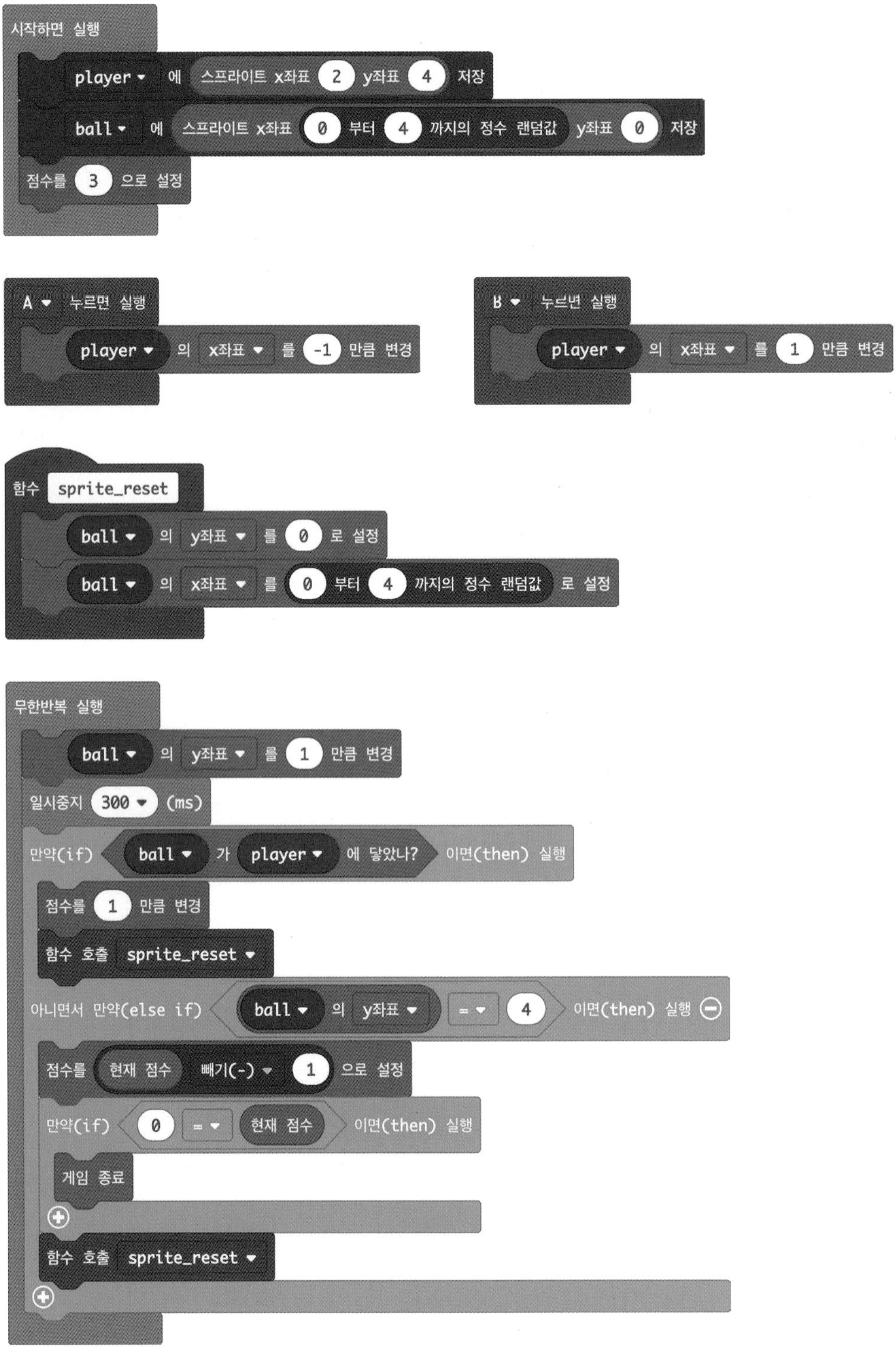

시작하면 실행
　player ▼ 에 스프라이트 x좌표 2 y좌표 4 저장
　ball ▼ 에 스프라이트 x좌표 0 부터 4 까지의 정수 랜덤값 y좌표 0 저장
　점수를 3 으로 설정

A ▼ 누르면 실행
　player ▼ 의 x좌표 ▼ 를 -1 만큼 변경

B ▼ 누르면 실행
　player ▼ 의 x좌표 ▼ 를 1 만큼 변경

함수 sprite_reset
　ball ▼ 의 y좌표 ▼ 를 0 로 설정
　ball ▼ 의 x좌표 ▼ 를 0 부터 4 까지의 정수 랜덤값 로 설정

무한반복 실행
　ball ▼ 의 y좌표 ▼ 를 1 만큼 변경
　일시중지 300 ▼ (ms)
　만약(if) ball ▼ 가 player ▼ 에 닿았나? 이면(then) 실행
　　점수를 1 만큼 변경
　　함수 호출 sprite_reset ▼
　아니면서 만약(else if) ball ▼ 의 y좌표 ▼ = ▼ 4 이면(then) 실행 ⊖
　　점수를 현재 점수 빼기(-) ▼ 1 으로 설정
　　만약(if) 0 = ▼ 현재 점수 이면(then) 실행
　　　게임 종료
　　⊕
　　함수 호출 sprite_reset ▼
　⊕

먼저 [시작하면 실행] 블록에 'player'와 'ball' 스프라이트를 작성하고, 위치를 xy 좌표로 지정합니다.

공은 떨어지는 위치가 임의이므로 x 좌표에 0부터 4까지의 난수를 넣습니다(좌표는 0부터 4의 범위임).

또한, 초기 점수를 3으로 설정합니다(그림 2.8.9).

그림 2.8.9 [시작하면 실행] 블록

'player'의 스프라이트는 버튼 A 또는 B가 눌렸을 때에 각각 왼쪽 또는 오른쪽으로 이동합니다(그림 2.8.10).

그림 2.8.10 버튼 A(B)가 눌림 블록

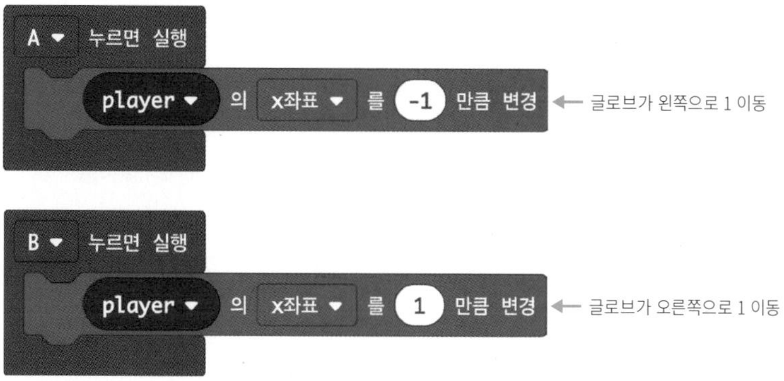

'ball'의 스프라이트는 300밀리초마다 아래로 1씩 떨어집니다. 떨어질 때마다 'player'의 스프라이트와 겹치는지 판정합니다. 만약 겹친다면 'ball'을 성공적으로 잡은 것이므로 점수를 1 추가합니다. 게임이 이대로 계속되면 'ball'의 스프라이트를 초기의 위치로 되돌립니다.

이 처리는 'sprite_reset'이라는 함수에 모아 둡시다.

만약 'ball'의 스프라이트가 'player'의 스프라이트와 겹치지 않은 채로 가장 밑(y좌표 4)에 닿았을 때에는 1점 감점합니다. 점수가 0이 되면 게임 종료입니다. 점수가 아직 0이 아니라면 그대로 게임을 계속하므로, 'sprite_reset' 함수를 실행해 'ball'의 스프라이트를 초기 위치로 되돌립니다(그림 2.8.11).

그림 2.8.11 [무한 반복 실행] 블록

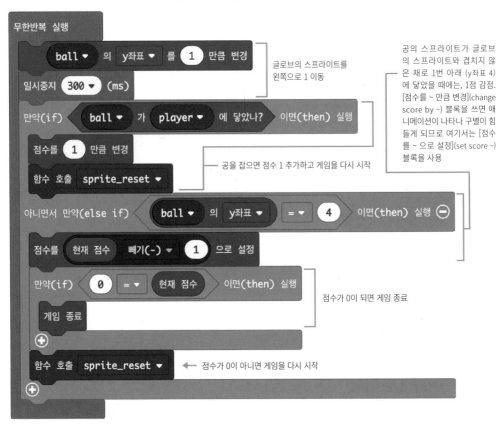

공의 스프라이트를
1 이상의 랜덤 위치로 나타냄

같은 처리를 다른 타이밍에서 실행할 때에는 처리 내용을 함수로 정리해 두면 편리합니다.

[[고급]] 카테고리 중의 [[함수]] 카테고리를 클릭하여 [함수 만들기...]을 클릭하면 함수명을 설정하는 윈도우가 나타납니다. '새 함수 이름'을 입력하고 '확인'를 누르면 프로그램 부분에 함수 내용을 설정하는 블록이 나타납니다. 여기에서 함수 처리를 설정합니다.

작성한 함수를 실행할 때에는 작성한 함수 블록이 [[함수]] 카테고리에 추가되어 있으므로, 함수를 실행하고 싶을 때에 이 블록을 드래그하여 놓습니다(그림 2.8.12).

그림 2.8.12 함수 작성 방법

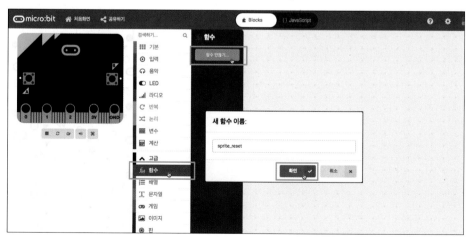

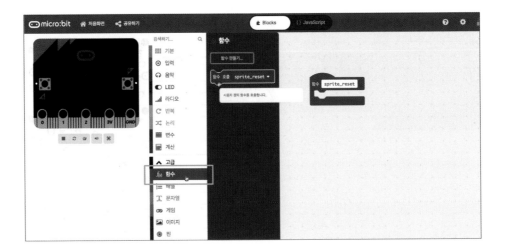

micro:bit로 전자 공작을 해보자

지금부터는 micro:bit를 사용한 전자 공작에 대해 설명하겠습니다. micro:bit에는 구멍이 뚫린 큰 단자가 5개, 그 사이에 위치한 작은 단자가 총 20개 있습니다. 구멍이 열려 있는 큰 단자는 전선 집게로 감쌀 수 있어 부품의 접촉이 매우 간단합니다. 작은 단자도 전용의 에지 커넥터로 내재된 기판에 micro:bit을 끼워 넣는 것으로 이용할 수 있게 돼 있습니다. 이 단자들을 사용하여 LED나 스위치는 물론, 센서나 모터 등의 제어가 가능합니다.

3.1 전자 공작의 기초 지식

이번 절에서는 지금까지 전자 공작을 위해 필요한 전자회로의 기초 지식에 대해 설명합니다. 전자 공작이라고 하면 전문적인 지식이 필요하다고 생각하시는 분들도 계시겠지만, 그러한 전문 지식이 없다고 하더라도 중요 포인트만 안다면 무조건 동작시킬 수 있습니다. 단, 잘못 다루게 되면 micro:bit 본체나 부품을 망가트리게 될 가능성이 있으므로 최소한으로 알아야 할 내용은 확실히 알고 전자 공작을 즐기도록 합시다.

(1) 아날로그 신호와 디지털 신호

먼저 전자 공작의 기초인 신호에 대해 설명합니다. 신호란 대체 무엇일까요?

디지털 대사전에 따르면 "빛, 소리, 형태, 전파 등 언어에 해당하는 일정의 부호를 사용해 떨어진 두 지점 간에 의미를 전달하는 것, 또는 그 부호"라고 기재되어 있습니다. 이 정의에 입각해 생각해보면, 전자 공작에 의한 신호란 '전기를 부호로서 사용하여 의사를 전달하는 것'이라고 할 수 있습니다. micro:bit으로 프로그램을 동작시켜 그 프로그램을 통해 제작자의 의사를 신호로써 전자회로를 통해 전하면 전자 회로를 제어할 수 있는 것입니다.

그렇다면 전기 신호란 어떤 신호일까요. 전기 신호는 크게 아날로그와 디지털 신호 두 가지로 나뉩니다. 아날로그란 '수치를 연속적으로 변화시킨 물리량을 나타내는 것', 디지털이란 '연속적인 양을 단계적으로 구별해 숫자로 나타내는 것'입니다. 아날로그와 디지털 신호를 도표로 나타내면 다음 그림 3.1.1과 같습니다.

그림 3.1.1 아날로그 신호와 디지털 신호

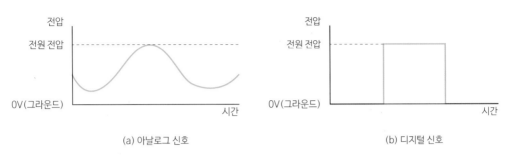

(a) 아날로그 신호   (b) 디지털 신호

아날로그 신호에는 전압이 연속적으로 변화하고 있는 것에 비해 디지털 신호는 전압이 0V(그라운드) 또는 전원 전압 둘 중 하나인 것을 알 수 있습니다. 그림과 같이 디지털 신호는 두 개의 전압 상태만을 가지고 0V 상태를 low level, 전원 전압 상태를 high level이라고 합니다(엄밀히 말하자면 그 이외의 상태도 있지만, 여기선 다루지 않겠습니다).

둘 중 어느 신호도 전압의 변화에 따라 정보를 전하는 점에서 같습니다만, 아날로그 신호의 취급 전압은 0V에서 전원 전압까지 연속적인 반면에 디지털 신호는 로우 레벨('0')과 하이 레벨('1') 둘 중에 한 상태만을 취할 수 있다는 점에 그 차이가 있습니다. 이 차이를 기억해 주시기 바랍니다. 단, 어느 경우에도 '전압의 변화를 신호로써 전달하고, 그 신호로 전자회로를 제어한다'는 점에서는 같습니다.

(2) 옴의 법칙

전자회로뿐만 아니라 전기를 다루는 모든 경우에 피할 수 없는 것이 옴(Ohm)의 법칙입니다. 반대로 옴의 법칙만 기억해 둔다면 대개의 경우에 적용할 수 있다는 것이겠죠.

옴의 법칙이란 '도체에 흐르는 전류의 크기는 그 도체의 양단의 전위차(전압)에 비례한다'라는 물리적 법칙입니다. 그림 3.1.2와 같이 회로로 생각할 경우, 전원 전압을 V[V](볼트), 회로에 흐르는 전류를 I[A](암페어), 저항을 R[Ω](옴)이라고 하면, 옴의 법칙은 다음의 식과 같습니다.

옴의 법칙 $V = I \times R$

그림 3.1.2 기본적인 전자회로

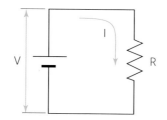

전자회로의 경우, 전원 전압이 도중에 변하는 경우는 없습니다. micro:bit의 경우에는 3~3.3V입니다(USB로부터 공급받으면 3.3V, 전지로부터 공급받으면 3V). 그렇기 때문에 이 식을 사용하는 것은 전류값이나 저항값을 구할 때 사용할 수 있겠죠. 전류값이나 저항값을 구할 때에는 앞의 식을 다음과 같이 변형해 사용하면 되겠죠.

전류값 $I = \dfrac{V}{R}$

저항값 $R = \dfrac{V}{I}$

전류값의 식에 의해 R = 0인 경우, 즉 전지의 플러스극과 마이너스극이 연결되어 있는 상태(이 상태를 '쇼트'라고 함)가 되면, 전류값이 무한대로 커지는 것을 알 수 있습니다. 하지만 무한대의 전류를 흘려보낼 수 있는 전원은 없습니다. 전원(예를 들자면 micro:bit에 사용되는 USB 인터페이스 등)에는 흘려보낼 수 있는 전류치가 사양으로 정해져 있어 그 사양을 초월하는 전류를 흘려보내려고 하면 그 전원은 망가지고 맙니다. 특히 PC와 USB를 연결하는 경우에는 PC 측 전원이 꺼지는 경우도 있습니다. 전자 공작을 함에 있어서 가장 주의해야 할 상태입니다. 쇼트가 일어나는 범위에 의해 피해가 전원만으로는 그치지 않는 경우도 생깁니다. 최악의 경우, micro:bit를 망가트리게 될 수도 있으니 충분히 주의하도록 합시다.

(3) 전자 부품의 절대 최대 정격

전자 부품의 사양에는 절대 최대 정격이라는 항목이 있습니다. 이것은 '이 값을 한순간이라도 넘으면 부품이 망가지는' 값입니다. 전자 공작을 하기 위해서 부품을 망가트리지 않기 위해서 반드시 지켜야 하는 최소한의 수치입니다.

예를 들면 LED의 경우 순방향 전류의 절대 최대 정격이 정해져 있습니다. 전류의 절대 최대 정격이 30mA이라고 기재되어 있다면 이 LED에는 30mA를 넘는 전류를 흘려보내면 안 되는 것이죠.

이렇다면 30mA 이상의 전류를 흘려보내지 않기 위해선 어떻게 해야 할까요. 여기서 옴의 법칙이 등장합니다. 회로의 전류를 조절하기 위해선 저항값을 조절해 주면 됩니다. 어느 정도의 저항값이 필요한지 우선 식으로 알아볼 수 있습니다. 여기서 전원 전압은 3V라고 가정해 계산해 보겠습니다.

$$R = \frac{V}{I} = 3V \div 0.03A = 100\Omega$$

계산식에 의하면 회로에 100Ω보다 큰 저항을 넣으면 절대 최대 정격을 넘는 전류를 흘려보내는 것을 방지할 수 있다는 걸 알 수 있습니다(실제로 LED에 흐르는 전류값을 계산하기 위해서는 다른 요소도 생각해야 합니다. 이것에 대해선 '3.4 LED 연결하기'에서 설명합니다).

이와 같이 전자 부품을 망가트리지 않고 안전하게 사용하려면 전류값과 전압값이 부품의 사양으로 정해진 범위를 지키는 것이 중요하겠죠. 여기서 도움이 되는 것이 옴의 법칙입니다.

실제로 스스로 전자회로를 설계하기 위해선 보다 많은 이론이나 지식이 필요할지도 모르지만, 우선 부품이나 기판을 망가트리지 않고 안전하게 전자 공작을 즐기는 것이 중요하겠죠.

전자 공작에 익숙해져 가면서 신기한 것이나 잘 모르겠는 것이 생긴다면, 전기에 관한 전문 서적 등을 참고해 주세요.

3.2 전자 공작을 위한 준비

전자 공작을 시작하기 전에 준비해야 될 것들이 몇 가지 있습니다. 본 책에서는 전자 공작의 수고를 덜기 위해 납땜 작업을 최소한으로 하는 것을 목표로 하고 있습니다.

(1) 필요한 부품과 공구

　본 장에서 필요한 부품과 공구를 표 3.2.1, 표 3.2.2로 나타내 보았습니다. 또한, '3.9 micro:bit 연동하기'에서는 2개의 micro:bit가 필요합니다.

표 3.2.1 **사용할 부품**

부품 이름	품번 / 규격	제조사	수량
micro:bit*	SEDU-037358	Micro:bit 교육재단	1※
BBC micro:bit 프로토타이핑 세트*	KITRONIK-5609	Kitronik	1
점프 와이어 팩*	SKS-100*	—	1
LED*	OSDR5113A	—	4
저항*	1kΩ	—	4
푸시 버튼 스위치*	SKRGAAD010	—	4
볼륨 저항*	3386T-EY5-103TR	—	1
압전 스피커*	SPT08	—	1
서보 모터*	PICO/STD/F	Grand Wing Servo-Tech	1
트랜지스터 어레이 IC*	TD62783APG	—	1
저항*	10kΩ	—	1
건전지 박스*	AA 건전지 × 3개	—	1
회전 서보 모터	S35 STD	Grand Wing Servo-Tech	1
A/D 컨버터 IC*	MCP3008	Microchip	1
IO 확장 IC*	MCP23S08	Microchip	1
LCD 모듈	AE-AQM1602A(KIT)	—	1
핀 헤더*	2 × 2 핀	—	1
:MOVE mini	KITRONIK-5624	Kitronik	1

※ '3.9 micro:bit 연동하기'와 제4장에서는 2개의 micro:bit가 필요합니다.
★ 마이크로비트 기본세트(㈜제이케이에이이엠씨) 구성에 포함된 부품입니다 기타 부품은 직접 추가 구매해야 합니다. 기본세트에는 micro:bit 1개를 포함하므로 추가로 1개의 micro:bit를 구매할 필요가 있습니다.

표 3.2.2 **사용할 공구**

필요한 공구		있으면 편리한 공구	
	십자 드라이버(나사)		정밀 드라이버
	납땜 기구		라디오 펜치
	땜납		핀셋
			전자회로 집게

(2) 전자회로 집게

micro:bit에는 전자회로 집게로 집을 수 있는 큰 단자가 있으므로 이 단자로 전
자회로 집게를 연결하면 간단히 전자 공작을 할 수 있습니다(그림 3.2.1).

그림 3.2.1 전자회로 집게

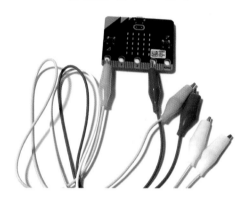

(3) BBC micro:bit용 에지 커넥터 핀치 변환 기판

더욱 많은 단자를 사용하고 싶을 때에는 micro:bit 전용 에지 커넥터가 내재된
기판 'BBC micro:bit용 에지 커넥터 핀치 변환 기판'(이하 커넥터 변환 기판)을 사용
하는 것도 가능합니다(그림 3.2.2).

그림 3.2.2 BBC micro:bit용 에지 커넥터 핀치 변환 기판

커넥터 변환 기판과 전자 공작의 단골 메뉴인 브레드보드를 세트로 한 것이 'BBC micro:bit용 프로토타이핑 세트'입니다(이하 프로토타이핑 세트) (그림 3.2.3).

그림 3.2.3 BBC micro:bit용 프로토타이핑 세트

본 책에서는 이 프로토타이핑 세트를 사용해 전자적 작업을 하겠습니다.

(4) 브레드보드

브레드보드(breadboard, 빵판)란 2.54mm 핀치로 단자를 꼽기 위한 여러 구멍이 뚫려 있는 기판입니다(그림 3.2.4).

그림 3.2.4 브레드보드

각각의 구멍에 금속제 단자가 그림 3.2.5와 같이 연결되어 있습니다. 연결된 구멍을 사용하는 것으로 각 부분을 납땜할 필요 없이 접속하는 것이 가능합니다.

그림 3.2.5 브레드보드의 구멍 연결

색이 칠해진 부분이
각각 연결되어 있음

 Column **브레드보드의 종류**

브레드보드에는 크기 및 1열의 구멍의 수가 다른 여러 가지 변형 상품이 있습니다(그림 3.2.6, 그림 3.2.7).

그림 3.2.6 여러 가지 브레드보드

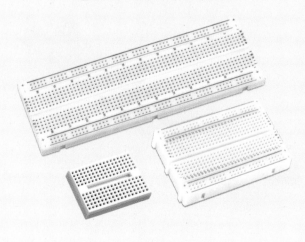

그림 3.2.7 구멍 수가 다른 브레드보드

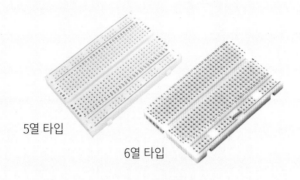

5열 타입

6열 타입

필요한 상품이나 배선의 수에 따라 적절한 것을 골라 봅시다.

(5) 점프 와이어

프로토타이핑 세트에는 점프 와이어 역시 포함되어 있습니다. 점프 와이어란 브레드보드의 배선을 돕기 위한 전용 전선을 말하는 것입니다(그림 3.2.8).

그림 3.2.8 **점프 와이어**

M-M 타입

M-F 타입

포함되어 있는 점프 와이어에는 단자의 형태가 다른 2종류가 있습니다. M-M(수-수) 타입은 변환 기판과 브레드보드를 연결할 때 사용합니다. M-F(암-수) 타입은 브레드보드상의 배선에 쓰입니다.

이외에도 점프 와이어에는 전선의 소재가 다른 것도 있습니다(그림 3.2.9).

그림 3.2.9 **점프 와이어 종류**

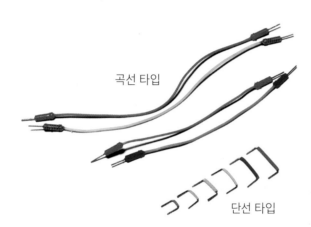

곡선 타입

단선 타입

단선 타입의 점프 와이어는 적절한 배선의 길이를 고를 수 있기 때문에 깔끔히 마무리됩니다. 본 책에서는 브레드보드상의 배선은 주로 이 단선 타입 점프 와이어를 사용합니다.

본 책의 전자적 작업에는 기본적으로 브레드보드로 배선을 하지만 납땜 작업이 필요한 경우도 있습니다. 이는 사용할 부품이 조립 키트일 때입니다. 대다수의 경우에는 기판에 핀을 꽂는 작업이 다입니다. 납땜 작업이라고 해도 초보자도 할 만한 수준의 작업이기 때문에 이번 기회에 도전해 보는 것은 어떨까요(그림 3.2.10).

그림 3.2.10 납땜 작업

3.3 micro:bit의 단자

마이크로컨트롤러 등은 일반적인 디지털 회로로 구성되어 있어 다루는 신호는 주로 디지털 신호입니다. micro:bit으로 전자회로를 제어하는 경우 역시 micro:bit 로부터 디지털 신호를 출력해 회로에 명령을 보내 회로로부터 디지털 신호를 micro:bit에 입력하는 처리를 하는 것입니다.

micro:bit로 디지털 신호의 입출력을 하기 위해서는 micro:bit의 확장 단자를 사용합니다. 확장 단자에는 여러 가지 전자 부품을 연결하는 것으로 그것들을 프로그램으로 제어할 수 있습니다.

micro:bit 확장 단자의 구성은 그림 3.3.1, 각 단자의 기능은 표 3.3.1에 설명합니다.

그림 3.3.1 micro:bit 확장 단자의 구성

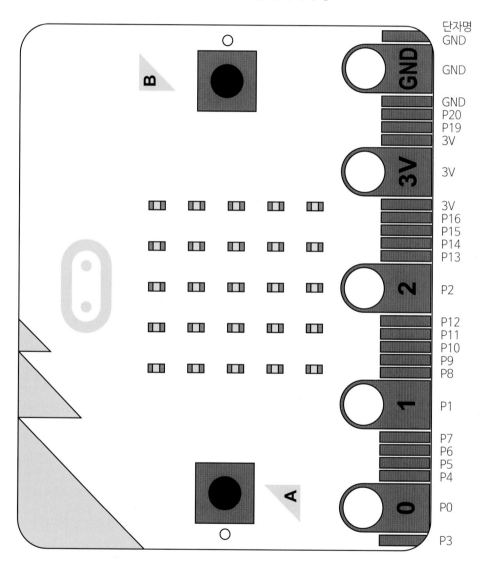

표 3.3.1 **각 단자의 기능**

단자 이름	기본 기능	micro:bit 상에서의 기능	추가 기능
GND	그라운드		
P20	디지털 입출력/아날로그 출력		SDA
P19	디지털 입출력/아날로그 출력		SCL
3V	전원*		
P16	디지털 입출력/아날로그 출력		
P15	디지털 입출력/아날로그 출력		
P14	디지털 입출력/아날로그 출력		
P13	디지털 입출력/아날로그 출력		
P2	디지털 입출력/아날로그 출력		아날로그 입력
P12	디지털 입출력/아날로그 출력		
P11	디지털 입출력/아날로그 출력	버튼 B	
P10	디지털 입출력/아날로그 출력	LED col3	아날로그 입력
P9	디지털 입출력/아날로그 출력	LED col7	
P8	디지털 입출력/아날로그 출력		
P1	디지털 입출력/아날로그 출력		아날로그 입력
P7	디지털 입출력/아날로그 출력	LED col8	
P6	디지털 입출력/아날로그 출력	LED col9	
P5	디지털 입출력/아날로그 출력	버튼 A	
P4	디지털 입출력/아날로그 출력	LED col2	아날로그 입력
P0	디지털 입출력/아날로그 출력		아날로그 입력
P3	디지털 입출력/아날로그 출력	LED col1	아날로그 입력

* 전원 커넥터에 AA형 건전지 2개 타입의 전지 박스를 연결할 경우는 3V(전지의 전압)입니다. USB 커넥터로부터 공급받는 경우에는 3.3V입니다.

단자 이름에 'GND'(그라운드)라고 기재된 핀은 전지로 말하면 −극입니다. '3V'라고 기재되어 있는 단자는 GND에 대해 3V의 전압이 출력되는, 전지의 +극, 즉 전원 단자인 것입니다.

단자 이름에 'P'가 붙어 있는 단자는 범용 입출력 단자로, 기본적인 기능으로는 디지털 신호의 입출력과 아날로그 신호의 출력이 있습니다. 이 단자는 프로그램으로 제어할 수 있습니다. 이 단자 중에 P3~7과 P9~11은 micro:bit에 내장되어 있는 LED나 버튼을 제어하기 위해 사용되며, 이 단자들을 전자 부품의 제어에 사용하게 되면 micro:bit의 LED나 버튼을 사용할 수 없게 되니 주의가 필요합니다. 이 단자들은 되도록 전자 부품의 제어에 사용하지 않는 것이 좋겠죠.

범용 입출력 단자 중 아날로그 입력 등의 추가 기능이 있는 단자가 있습니다. P0~4와 P10은 아날로그 입력 단자로 사용할 수 있어, 아날로그 신호를 출력하는 센서 등을 연결할 수 있습니다.

추가 기능으로 SDA 신호나 SCL 신호를 사용하는 단자는 I²C 인터페이스로 사용할 수 있습니다. I²C 인터페이스에 여러 가지 기능이 있는 IC를 연결할 수 있습니다. I²C 인터페이스의 사용 방법에 대해선 '3.8 IC 연결하기'에서 다루겠습니다.

3.4 LED 연결하기

(1) LED 점멸시키기 ①

LED는 전자적 작업에서 가장 중요한 기본 부품입니다. micro:bit에는 이미 기판상에 LED가 내장되어 있지만, 이번에는 연습을 위해 기판상의 LED와는 별도의 LED를 단자에 연결해 봅시다.

LED는 전압을 가하면 발광하는 전자 부품입니다(그림 3.4.1). LED에는 2개의 단자가 있어 전압을 가하는 방향이 정해져 있습니다. 짧은 쪽은 cathode(음극)이라고 불리며 전압이 낮은 쪽(− 단자)에 연결합니다.

그림 3.4.1 LED

micro:bit의 P0 단자에 LED를 연결해 제어해 봅시다. 연결도는 그림 3.4.2와 같습니다.

이때 LED에 직렬로 연결된 저항의 값은 다음 식으로 구합니다.

저항값 = (전원전압 3V - 순전압 V_F) ÷ 전류

순전압이란 순방향 전압이라고도 불리는데, LED 등의 다이오드가 가지는 특성 중 하나입니다. anode로부터 cathode에 전류를 흘렸을 때, 아노드와 캐소드의 사이에 발생하는 전압이 이것입니다.

순전압 Vf는 LED의 데이터 시트에도 기재되어 있듯이 이번에 사용할 LED (OSDR5113A)는 2V입니다. LED의 밝기는 전류의 크기와 비례하므로 밝게 하고 싶다면 전류를 많이 흘려보내면 됩니다. 여기서는 1mA로 해 봅시다.

이 값들을 이전의 식에 대입해 계산하면, 저항값은 1,000옴(1kΩ)입니다.

그림 3.4.2 LED 연결도

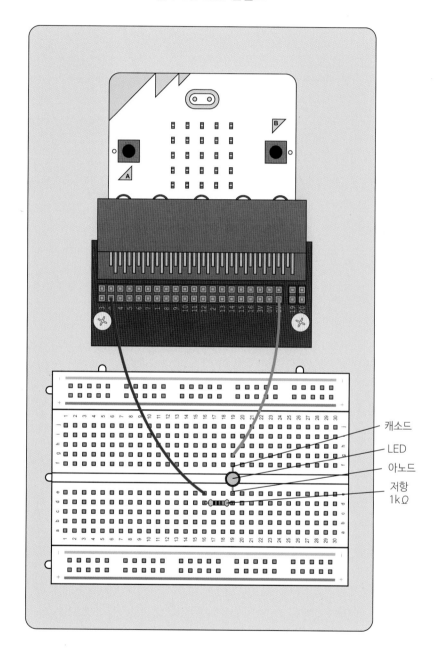

캐소드

LED

아노드

저항
1kΩ

P0 단자에 연결한 LED를 점멸시키는 프로그램을 작성해 봅시다. 프로그램은 그림 3.4.3과 같습니다.

그림 3.4.3 LED 점멸 프로그램 ①(LED01)

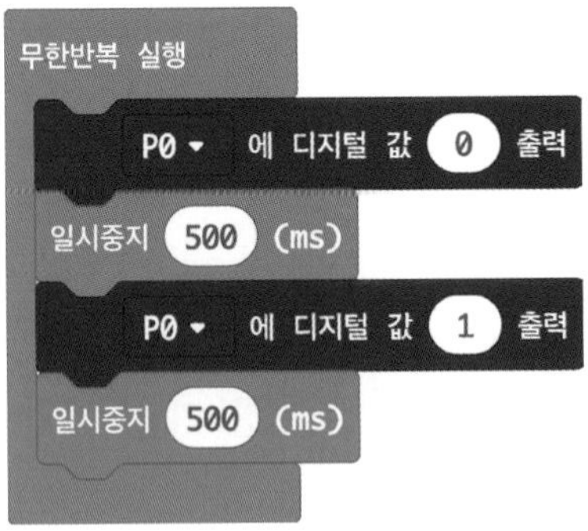

무한반복 실행

P0 ▾ 에 디지털 값 **0** 출력

일시중지 **500** (ms)

P0 ▾ 에 디지털 값 **1** 출력

일시중지 **500** (ms)

이 프로그램은 [무한반복 실행](forever) 블록으로 다음 동작을 반복합니다.

① [~에 디지털 값 ~ 출력](difital write pin ~ to ~) 블록으로 P0 단자에 0(로우 레벨)을 출력합니다. 이때 LED는 꺼져 있습니다.

② [일시중지](pause) 블록으로 500밀리초 동안 동작을 멈춥니다.

③ [~에 디지털 값 ~ 출력] 블록으로 P0 단자에 1(하이 레벨)을 출력합니다. 이때 LED는 켜져 있습니다.

④ [일시중지] 블록으로 500밀리초 동안 동작을 멈춥니다.

이것으로 500밀리초마다 LED가 점멸하는 프로그램이 완성되었습니다. micro:bit로 프로그램을 옮겨 동작하는지 확인해 봅시다.

(2) LED를 점점 밝게 하기

다음은 LED의 밝기를 점점 변화시키는 프로그램을 작성해 봅시다. 연결은 그림 3.4.2와 똑같습니다.

프로그램은 그림 3.4.4와 같습니다.

그림 3.4.4 **LED의 밝기가 서서히 변화하는 프로그램(LED02)**

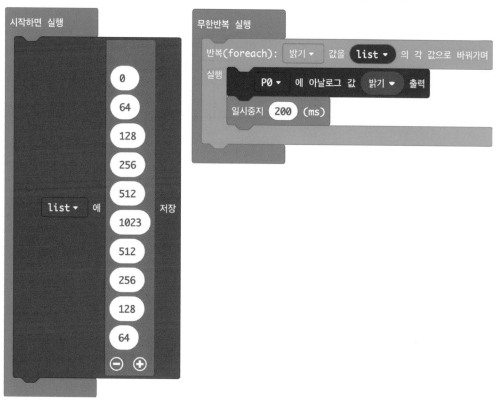

이 프로그램의 내용은 다음과 같습니다.

[시작하면 실행](on start) 블록에는 LED의 밝기 값을 10개 가지는 배열(list)를 작성합니다. 그다음에 사용되는 [~에 아날로그 값 ~ 출력](analog write pin ~ to ~) 블록

에는 0 ~ 1023까지의 값이 지정될 수 있습니다. 0일 때 LED가 꺼지며 1,023일 때 가장 밝게 켜집니다. 다소 전문적인 이야기이지만 인간의 눈은 LED가 어둡게 켜져 있을 때의 변화에 민감해서 밝아짐에 따라 이 변화에 둔감해진다고 합니다. 이 때문에 배열에는 밝기의 값이 배가 되도록 하였습니다.

　[무한반복 실행] 블록에는 [반복(foreach): ~ 값을 ~의 각 값으로 바꿔가며 실행](for element ~ of ~ do) 블록을 써서 배열의 값을 순차적으로 변수(밝기)에 대입해 나갑니다. 그리고 [~에 아날로그 값 ~ 출력] 블록을 써서 변수(밝기)에 대응하는 아날로그 신호를 단자 P0에 출력한 다음, [일시정지] 블록에 200밀리초 동안 프로그램의 실행을 정지하게 합니다.

　[~에 아날로그 값 ~ 출력] 블록에는 아날로그 신호를 출력한다고 했지만, 실제로는 아날로그 신호가 아닌 유사(의사) 아날로그 신호를 출력하고 있습니다. 유사 아날로그 신호란 PWM(Pulse Width Modulation) 신호로 펄스 폭을 바꿀 수 있습니다 (그림 3.4.5).

그림 3.4.5 PWM 신호

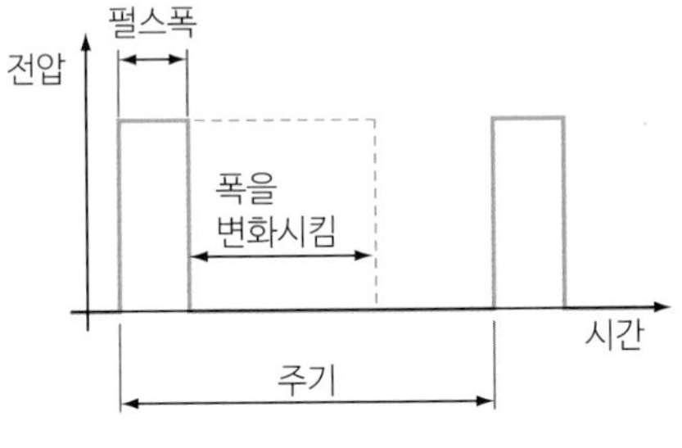

　[~에 아날로그 값 ~ 출력] 블록에 지정되는 것은 PWM 신호의 펄스 폭의 값입니다.

(3) LED 점멸시키기 ②

이전에 [~에 디지털 값 ~ 출력] 블록을 사용해 LED을 점멸시켜 보았습니다. 여기에서는 [~에 아날로그 값 ~ 출력] 블록을 사용해 LED를 점멸시키는 프로그램을 작성해 봅시다.

[~에 아날로그 값 ~ 출력] 블록에는 [~의 아날로그 PWM 출력 주기를 ~로 설정](analog set period pin ~ to ~) 블록을 사용해 PWM 신호의 주기를 바꿀 수 있습니다.

프로그램을 작성하면 그림 3.4.6와 같습니다 연결은 그림 3.4.2에서 한 것과 동일합니다.

그림 3.4.6 LED 점멸 프로그램 ②(LED 03)

프로그램의 내용은 다음과 같습니다.

[시작하면 실행] 블록 안에 [~에 아날로그 값 ~ 출력] 블록을 넣습니다. 값은 주기의 절반인 512입니다. 다음엔 [~의 아날로그 PWM 출력 주기를 ~로 설정] 블록을 넣습니다. 주기를 1,000,000로 설정합니다. 단위는 마이크로초이므로 주기는 1초가 됩니다.

이와 같이 설정함으로써 PWM 신호가 하이 레벨이 될 동안(0.5초) 켜지고, 로우 레벨이 될 동안(0.5초) 꺼지게 됩니다.

이와 같이 PWM 신호는 주기가 짧을 때는 펄스 폭에 비례해 LED의 밝기가 달라집니다(인간의 눈에는 그렇게 보입니다). 주기를 길게 하면 펄스 폭에 따라 점멸 시간을 제어할 수 있습니다.

이 절에 사용된 블록

❶ [~에 디지털 값 ~ 출력] 블록

디지털로 출력하는 블록입니다. 신호를 출력하는 단자를 '단자'에 지정합니다. 출력하는 값 0 또는 1은 '값'에 지정됩니다. 0을 지정하면 0V, 1을 지정하면 3~3.3V(micro:bit의 전원전압)가 출력됩니다(그림 3.4.7).

그림 3.4.7 [~에 디지털 값 ~ 출력] 블록

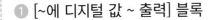

P0 ▾ 에 디지털 값 0 출력

❷ [~에 아날로그 값 ~ 출력] 블록

아날로그 신호를 출력하는 블록입니다. 하지만 실제로는 아날로그 신호가 아닌 PWM 신호가 출력되어 이것을 유사 아날로그 신호로서 다룹니다. 신호를 출력하는 단자를 '단자'로 지정합니다. 출력하는 값 0 ~ 1023은 '값'에 지정됩니다. 0을 지정하면 0V, 1023을 지정하면 3~3.3V(micro:bit의 전원전압)가 출력됩니다. 전원전압의 절반의 전압을 출력할 때에는 512로 지정합니다(그림 3.4.8).

그림 3.4.8 [~에 아날로그 값 ~ 출력] 블록

P0 ▾ 에 아날로그 값 1023 출력

❸ [~의 아날로그 PWM 출력 주기를 ~로 설정] 블록

아날로그 신호로서 출력되고 있는 PWM 신호의 주기를 지정합니다. 신호를 출력하는 단자를 '단자'로 지정합니다. 출력하는 PWM 신호의 주기는 마이크로초(마이크로는 10^{-6}) 단위로 '주기(마이크로초)'를 지정합니다. 초깃값은 20,000 마이크로 초(0.02초)입니다(그림 3.4.9).

그림 3.4.9 [아날로그 출력 펄스 주기를 설정] 블록

P0 ▾ 의 아날로그 PWM 출력 주기를 20000 (μs) 로 설정

3.5 단자의 상태를 읽어 들이기

(1) 스위치를 연결하기

micro:bit에는 기본적으로 기판상에 푸시버튼 스위치가 내장되어 있지만, 확장 단자에도 스위치를 연결할 수 있습니다.

스위치는 사람이 조작하는 것으로 회로를 연결하거나 끊을 수 있는 부품입니다. 스위치라고 해도 여러 가지 종류와 형태가 있습니다. 브레드보드를 사용하는 전자 공작에 주로 사용되는 스위치는 푸시버튼 스위치, 슬라이드 스위치, DIP 스위치가 있습니다(표 3.5.1).

표 3.5.1 스위치의 종류

푸시버튼 스위치	슬라이드 스위치	DIP 스위치
버튼을 누르는 동안 회로가 연결되는 스위치입니다.	놉(knob)을 조작해 회로를 연결하는 스위치입니다.	여러 슬라이드 스위치가 하나의 패키지로 합쳐진 스위치입니다.

여기에서는 micro:bit 기판에 내장되어 있는 스위치와 같은 타입인 푸시버튼 스위치를 사용해 간단한 프로그램을 작성해 봅시다.

Column 스위치를 연결하는 회로

소형 마이크로컨트롤러에 스위치를 연결하는 회로는 대개 그림 3.5.1과 같습니다.

그림 3.5.1 스위치를 연결하는 회로

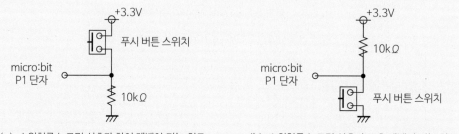

(a) 스위치를 누르면 신호가 하이 레벨이 되는 회로   (b) 스위치를 누르면 신호가 로우 레벨이 되는 회로

그림 3.5.2의 연결도에는 저항의 연결이 생략되어 있습니다. 이것은 micro:bit에 탑재되어 있는 Soc 내부 입력 단자에 (a)와 같은 회로가 이미 연결되어 있기 때문입니다.

회로 (a)와 같이 연결된 저항은 '풀다운 저항', 회로 (b)와 같이 연결된 저항은 '풀업 저항'이라고 합니다.

이러한 입력 단자의 회로 구성은 MakeCode의 '단자의 풀업, 풀다운 설정' 블록에서 변경할 수 있습니다.

스위치의 연결은 그림 3.5.2와 같습니다.

그림 3.5.2 스위치의 연결

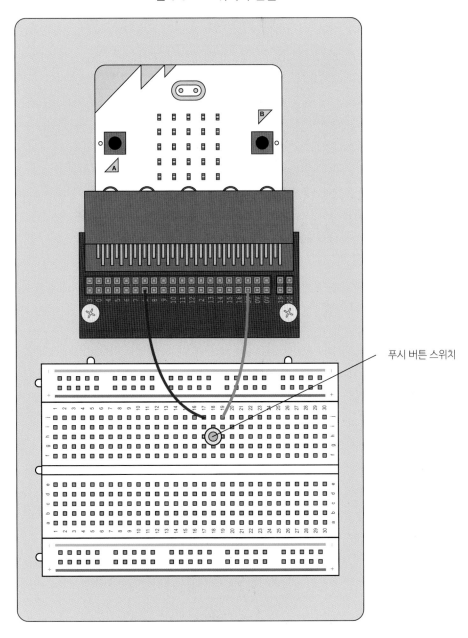

푸시 버튼 스위치

스위치의 프로그램은 그림 3.5.3과 같습니다.

그림 3.5.3 스위치의 프로그램(SWITCH01)

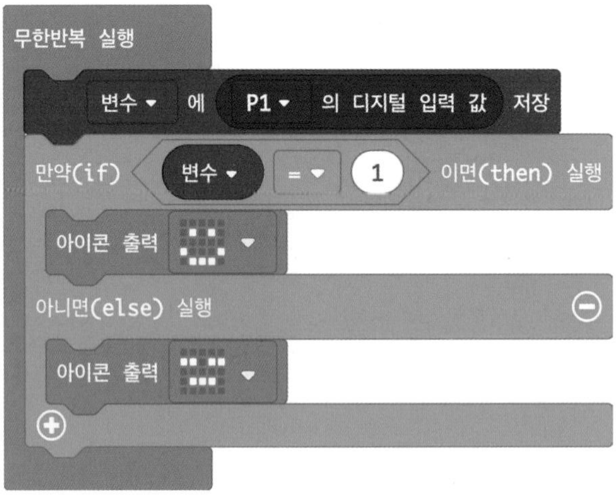

무한반복 실행

변수 ▼ 에 P1 ▼ 의 디지털 입력 값 저장

만약(if) 변수 ▼ = ▼ 1 이면(then) 실행

아이콘 출력

아니면(else) 실행 ⊖

아이콘 출력

[~의 디지털 입력 값](digital read pin ~) 블록에서 읽어 들인 P1 단자의 상태를 변수에 대입합니다. 변수의 값을 판정해, 값이 1(스위치가 눌림)이면 '웃는 얼굴' 아이콘을 표시합니다. 값이 0(스위치가 눌리지 않음)이면 '무표정' 아이콘을 표시합니다.

(2) 볼륨 저항 연결하기

다음으로 연결해 볼 것은 볼륨 저항입니다. 볼륨 저항은 손잡이를 돌리는 것으로 저항값을 조절하는 부품입니다(그림 3.5.4).

그림 3.5.4 **볼륨 저항**

볼륨 저항에는 3개의 단자가 있습니다. 양끝의 단자에 전원과 그라운드를 연결하고, 중앙 단자에는 micro:bit 단자를 연결합니다. 볼륨 저항의 연결도는 그림 3.5.5와 같습니다.

그림 3.5.5 볼륨 저항의 연결도

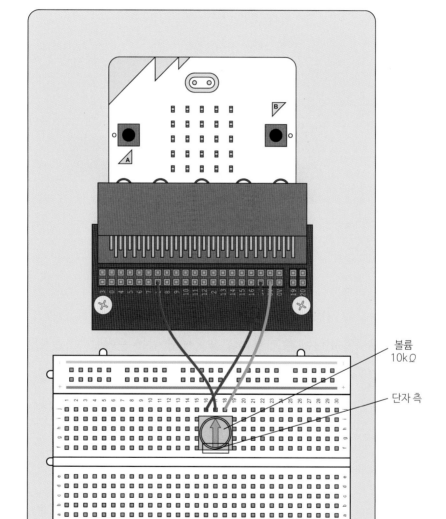

볼륨 저항을 위와 같이 연결하면, 중앙 단자에는 볼륨 저항의 손잡이 위치에 의해 전압이 출력됩니다.

이 단자를 아날로그 전압으로 읽어 micro:bit에 불러들입니다. 이 수치는 LED에 표시됩니다.

프로그램은 그림 3.5.6와 같습니다.

그림 3.5.6 볼륨 저항 프로그램(VOLUME01)

[~의 아날로그 입력 값](analog read pin ~) 블록에서 단자의 아날로그 전압을 읽어들입니다. [수 출력 ~](show number ~) 블록에서 읽어 들인 값을 표시합니다.

프로그램을 micro:bit에 저장해 볼륨 저항의 손잡이를 돌려 micro:bit에 표시되는 값의 변화를 확인해 봅시다.

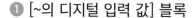

이 절에 사용된 블록

❶ [~의 디지털 입력 값] 블록

디지털 신호를 읽어 들이는 블록입니다. '단자'에 신호를 읽어 들이는 단자를 지정합니다. 단자에 입력된 전압에 의해 0V일 때는 0, 3~3.3V(micro:bit의 전원전압)일 때는 1을 반환합니다(그림 3.5.7).

그림 3.5.7 [~의 디지털 입력 값] 블록

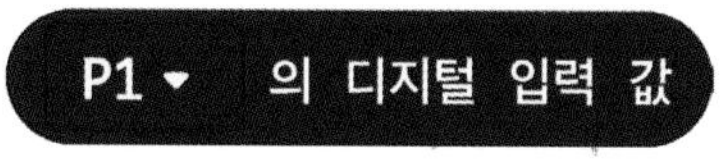

> **P1 ▾**   의 디지털 입력 값

❷ [~의 아날로그 입력 값] 블록

아날로그 전압값을 읽어들이는 블록입니다. '단자'에 전압값을 읽어 들이는 단자를 지정합니다.

단자에 입력된 전압에 의해 0V일 때는 0, 3~3.3V(micro:bit의 전원전압)일 때는 1023을 반환합니다(그림 3.5.8).

그림 3.5.8 [~의 아날로그 입력 값] 블록

> **P1 ▾**   의 아날로그 입력 값

3.6 압전 스피커 연결하기

(1) [멜로디 반복] 블록 사용하기

압전 스피커는 신호를 입력했을 때 소리를 내는 부품입니다(그림 3.6.1).

그림 3.6.1 압전 스피커

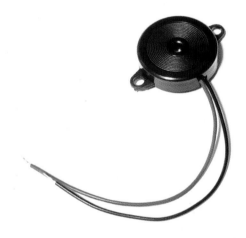

micro:bit의 단자로부터 가청 주파수의 구형파를 출력해 압전 스피커에 입력하면 소리가 납니다. 구형파의 주파수로 소리의 높낮이를 지정하여 음악을 연주할 수도 있습니다.

micro:bit과 압전 스피커의 연결은 그림 3.6.2와 같습니다.

그림 3.6.2 압전 스피커의 연결

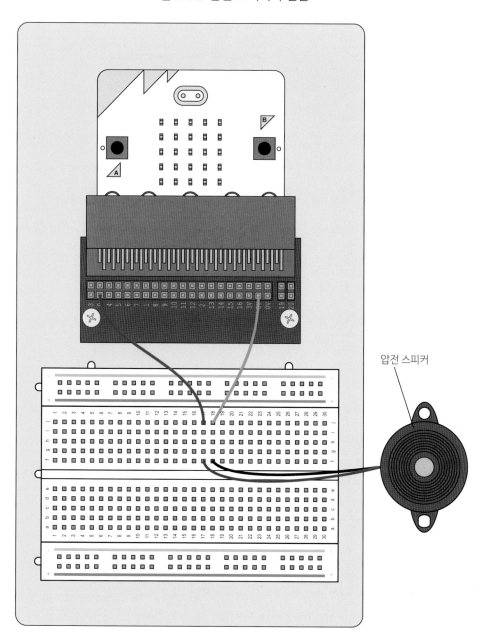

압전 스피커

멜로디 연주 프로그램은 그림 3.6.3과 같습니다.

그림 3.6.3 압전 스피커 프로그램 ①(BUZZER01)

[시작하면 실행] 블록과 [[음악]] 카테고리의 [~ 멜로디 ~ 출력](start melody ~ repeating ~) 블록만을 사용한 간단한 프로그램입니다. 실행하면 [~ 멜로디 ~ 출력] 블록을 통해 음악이 연주됩니다. 이 블록의 '반복' 부분을 '한 번'이 아니라 '무한'으로 설정하면 연주가 되풀이됩니다.

(2) 소리를 울리기

[~ 멜로디 ~ 출력] 블록은 정해진 음악만을 연주할 수 있습니다. 본인이 원하는 음악을 연주하기 위해서는 [~ 박자 출력](play tone ~ for ~) 블록을 사용합니다.

프로그램은 그림 3.6.4와 같습니다.

[시작하면 실행] 블록에 [(음의 높낮이) ~ 박자 출력] 블록을 넣습니다. [(음의 높낮이) ~ 박자 출력] 블록에는 음의 '높낮이(계이름)'와 '박자'를 설정합니다. 이 블록을 악보의 음표에 맞춰 넣습니다. [~ 박자 유지](rest ~ beat) 블록은 악보의 쉼표에 해당합니다. 쉴 길이를 박자 수로 설정합니다.

본인이 좋아하는 음악을 연주할 때, 이와 같이 한 음 한 음 입력하는 것입니다.

음악 연주에 관련되는 블록은 이 외에도 [**빠르기(분당 박자 개수)를 ~으로 설정**] (set tempo to ~), [**빠르기(분당 박자 개수)를 ~ 만큼 변경**](change tempo by ~)이 있습니다. 음악의 첫 부분에 [**빠르기(분당 박자 개수)를 ~으로 설정**] 블록으로 템포를 설정하고, 중간에 템포를 바꿀 때에는 [**빠르기(분당 박자 개수)를 ~ 만큼 변경**] 블록을 사용합니다.

그림 3.6.4 압전 스피커 프로그램 ②(BUZZER02)

이 절에 사용된 블록

❶ [~ 멜로디 ~ 출력] 블록

지정된 멜로디를 연주하는 블록입니다. 총 20종류의 멜로디를 고를 수 있습니다. 멜로디 연주를 하면서 다음에 이어지는 처리를 같이 실행합니다. 멜로디 반복 부분은 '한 번', '무한', '백그라운드에서 한 번', '백그라운드에서 무한' 등 4개 중 하나를 선택할 수 있습니다. '백그라운드에서~'는 멜로디 연주 중 다른 멜로디를 연주할 경우 사용합니다. '백그라운드에서~'로 지정해 연주할 때, 다른 멜로디를 연주하면 '백그라운드에서~'로 지정된 쪽의 연주를 일단 중지하고 다른 멜로디 연주가 끝나면 연주를 다시 시작합니다(그림 3.6.5).

그림 3.6.5 [~ 멜로디 ~ 출력] 블록

❷ [(음의 높낮이) ~ 박자 출력] 블록

설정한 음의 높낮이를 설정된 길이만큼 울리는 블록입니다. '높낮이'로 게이름을 설정하고 '길이'로 음을 낼 길이를 설정합니다(그림 3.6.6).

그림 3.6.6 [(음의 높낮이) ~ 박자 출력] 블록

❸ [~ 박자 유지] 블록

설정한 박자 수만큼 연주를 중지합니다(그림 3.6.7).

그림 3.6.7 [~ 박자 유지] 블록

3.7 서보 모터 연결하기

(1) 일반적인 서보 모터 연결하기

서보 모터는 제어 신호로 표시된 위치까지 모터를 회전시켜서 그 위치를 유지하도록 동작하는 모터입니다(그림 3.7.1).

그림 3.7.1 서보 모터

최근에는 무선 제어기나 저가 이족보행 로봇 등에 많이 쓰이는데, 소형이면서 저가인 제품도 판매되고 있습니다. 서보 모터는 제어 신호로 PWM 신호를 사용해 PWM 신호의 펄스 폭에 대응하는 각도만큼 회전해, 그 각도를 유지합니다.

서보 모터를 micro:bit에 연결하기 위해서는, 서보 모터의 동작에 필요한 전압과 전류를 제공할 수 있는 IC와 전지 박스가 필요합니다. 여기서는 트랜지스터 어레이 IC와 AA형 건전지 3개입 건전지 박스를 사용하겠습니다. 트랜지스터 어레이 IC의 핀의 구성도는 그림 3.7.2, 표 3.7.1과 같습니다. micro:bit와 트랜지스터 어레이 IC, 서보 모터, 건전지 박스의 연결도는 그림 3.7.3과 같습니다.

그림 3.7.2 트랜지스터 어레이 IC 핀 구성도

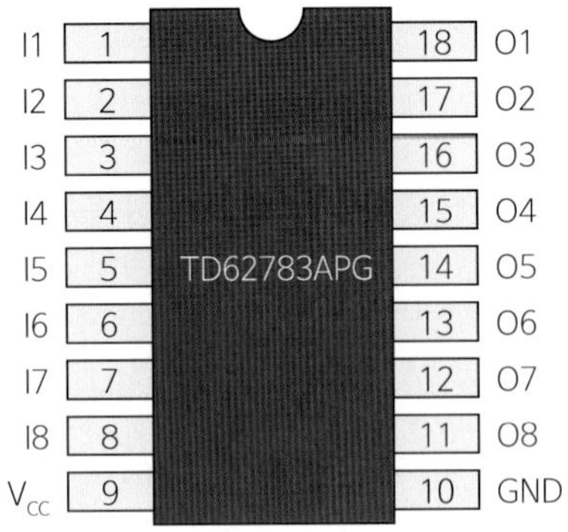

표 3.7.1 트랜지스터 어레이 IC 핀 구성도

핀 번호	핀 이름	핀 타입	기능
1	I1	I	입력 핀 채널 1
2	I2	I	입력 핀 채널 2
3	I3	I	입력 핀 채널 3
4	I4	I	입력 핀 채널 4
5	I5	I	입력 핀 채널 5
6	I6	I	입력 핀 채널 6
7	I7	I	입력 핀 채널 7
8	I8	I	입력 핀 채널 8
9	V_{cc}	—	전원 핀
10	GND	—	그라운드 핀
11	O8	O	출력 핀 채널 8
12	O7	O	출력 핀 채널 7
13	O6	O	출력 핀 채널 6
14	O5	O	출력 핀 채널 5
15	O4	O	출력 핀 채널 4
16	O3	O	출력 핀 채널 3
17	O2	O	출력 핀 채널 2
18	O1	O	출력 핀 채널 1

그림 3.7.3 서보 모터의 연결

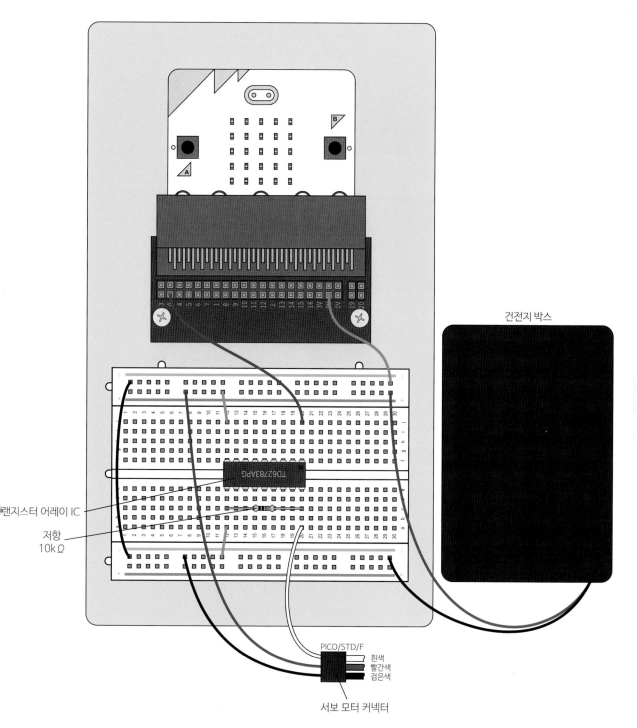

건전지 박스

랜지스터 어레이 IC

저항
10kΩ

TD62783APG

PICO/STD/F
흰색
빨간색
검은색

서보 모터 커넥터

버튼으로 서보 모터를 제어하는 프로그램은 그림 3.7.4와 같습니다.

그림 3.7.4 서보 모터 프로그램(Serv001)

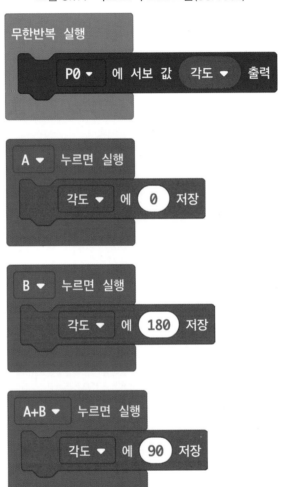

[무한반복 실행] 블록 안에 [~에 서보 값 ~ 출력](servo write pin ~ to ~) 블록이 있습니다. 블록 안의 '단자'에는 서보 모터를 연결한 단자를 설정해 줍니다. '각도'에는 변수인 '각도'를 넣어줍니다.

추가적으로 버튼 [~ 누르면 실행](on button ~ pressed) 블록을 사용하여 각각의 버튼이 눌렸을 때 회전할 각도를 변수 '각도'의 값을 입력하면 됩니다.

(2) 회전 서보 모터 연결하기

회전 서보 모터는 일반 서보 모터와는 다르게 360도 회전합니다(그림 3.7.5).

그림 3.7.5 회전 서보 모터

외견상으로는 일반 서보 모터와 구별 불가능합니다.

제어 신호는 일반 서보 모터와 같은 PWM 신호이지만, 일반 서보 모터와는 다른 점은 PWM 신호의 펄스를 바꾸면 회전 속도와 회전 방향이 바뀐다는 점입니다(그림 3.7.6).

그림 3.7.6 회전 서보 모터의 PWM 신호

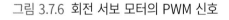
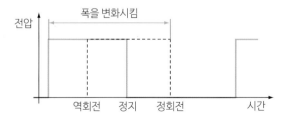

프로그램은 앞서 그림 3.7.3에서 다룬 것과 같습니다. 회전 서보 모터의 경우, 각도를 0으로 할 경우에 정회전, 180도로 할 경우에 역회전, 90도로 할 경우에 정지합니다. 하지만 회전 서보 모터의 성능 차이에 의해, 90일 때 정지하지 않고 천천히 도는 경우도 있습니다. 이러한 경우에는 [버튼 A + B 누르면 실행] 블록의 각도의 값을 90으로부터 1~5 정도 조절해 봅시다. 참고로 필자의 개발 환경에서는 85도로 했을 시 정지 상태가 되었습니다.

이 절에 사용된 블록

❶ [~에 서보 값 ~ 출력] 블록

서보 모터를 제어하는 신호를 출력합니다. 서보 모터를 연결하는 단자를 '단자'로 둡니다. 서보 모터를 회전시킬 각도를 '각도'로 설정합니다(그림 3.7.5).

그림 3.7.7 [~에 서보 값 ~ 출력] 블록

3.8 IC 연결하기

micro:bit 등의 마이크로컨트롤러 기판은 특정 기능을 가진 IC를 연결함으로써 기능을 확장시킬 수 있습니다. 마이크로컨트롤러 기판과 IC의 데이터 간 통신에는 시리얼 통신이 사용됩니다.

IC와의 시리얼 통신에 주로 사용되는 인터페이스로 SPI 인터페이스(Serial Peripheral Interface) 와 I^{2}C(Inter Integrated Circuit) 인터페이스가 있습니다. 이 두 가지는 IC 간의 시리얼 통신의 단골 인터페이스라고 할 수 있습니다. 다소 오래된 IC로부터 최신식 센서 IC까지, 여러 가지 IC에 탑재되어 있어 이 인터페이스들을 마스터한다면 보다 많은 기기를 제어할 수 있을 것입니다.

(1) SPI 인터페이스

SPI 인터페이스(Serial Peripheral Interface)는 사용하는 신호 선의 수로부터 3선 또는 4선 동기식 시리얼 인터페이스라고도 부릅니다. 동기식이라고 하는 것은 데이터의 송수신을 할 때, 클록이라고 하는 신호(SCK)에 데이터 (수신 데이터 신호: MISO, 송신 데이터 신호: MOSI)를 동기화하기 때문입니다. 구체적으로는 그림 3.8.1 과 같습니다.

그림 3.8.1 **SPI 인터페이스 신호**

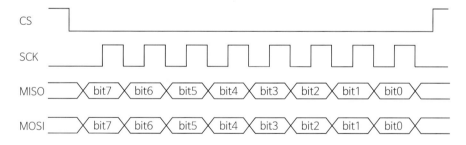

CS 신호는 칩 셀렉트(Chip Select) 신호로 불리며 통신하는 장치를 선택할 때 사용합니다. 클록 신호(SCK)를 출력하는 측의 IC를 마스터(master), 수신하는 측의 IC를 슬레이브(slave)라 부릅니다. 데이터의 송수신은 대부분의 경우 8비트(1바이트)

단위로 이루어지고 8비트를 넘는 데이터의 경우는 8비트 단위로 분할됩니다. SPI 인터페이스에서 전송 방식은 데이터 신호로부터 데이터를 취득하는 타이밍과 클럭 신호의 위상 차이에 의한 mode 0~3이라는 4가지 패턴이 존재합니다(그림 3.8.2).

그림 3.8.2 SPI 인터페이스 신호의 패턴

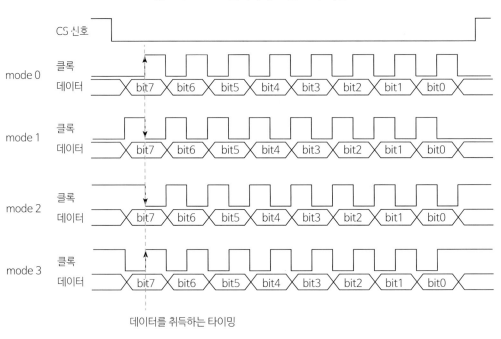

SPI 인터페이스로 통신을 실시할 때는 상대방에 대응하는 패턴을 확인해 두어야 합니다. 또한, 마스터 측의 IC는 통신을 시작하기 전에 어떤 신호 패턴을 사용할지를 설정해야 합니다.

(2) SPI 인터페이스의 A/D 컨버터 IC

micro:bit에는 아날로그 전압을 읽는 단자가 6개 마련되어 있는데 그중의 3개는 micro:bit 기판상의 LED의 제어 신호로써 이용되고 있어 실질적으로 사용할 수 있는 것은 3개의 단자입니다. 따라서 더 많은 아날로그 입력 단자를 사용하고 싶을 경우에는 전용 IC를 외부에 부착해야 합니다. 아날로그 전압을 읽기 위한 전용 IC를 A/D 컨버터라고 부릅니다(그림 3.8.3).

그림 3.8.3 **A/D 컨버터 IC**(MCP3008)

이번에 사용하는 MCP3008은 10비트의 A/D 컨버터 IC로써 8개의 입력 핀을 갖추고 있습니다. 이 입력 핀에 대해서 다른 신호를 입력하는 싱글 엔드 모드(single end mode)와 2개의 핀에 대해서 1개의 차동 신호를 입력하는 디퍼런셜 모드(differential mode)의 2종류의 동작 모드[1]를 가지고 있습니다. 또한, SPI 인터페이스는 앞에서 본 것과 같이 신호 패턴 중 mode 0과 mode 3에 대응하고 있습니다. 이 IC의 핀 할당은 그림 3.8.4와 표 3.8.1처럼 되어 있습니다.

---

1) 싱글 엔드 모드와 디퍼런셜 모드: 싱글 엔드 모드는 1개의 신호 선과 그라운드의 사이의 전압을 측정하는 모드이고, 디퍼런셜 모드는 2개의 신호선을 사용하여 그 신호 선 사이의 전압을 측정하는 모드입니다.

그림 3.8.4 MCP3008의 핀 할당

CH0	1	16 V_{DD}
CH1	2	15 V_{REF}
CH2	3	14 AGND
CH3	4	13 CLK
CH4	5	12 D_{OUT}
CH5	6	11 D_{IN}
CH6	7	10 $\overline{CS}$/SHDN
CH7	8	9 DGND

MCP3008

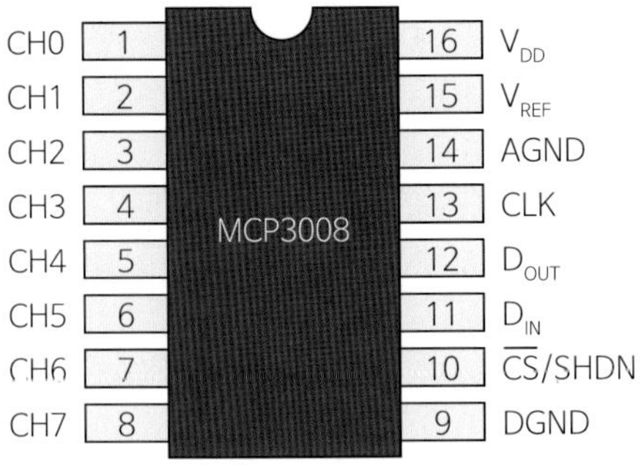

표 3.8.1 MCP3008의 핀 할당

핀 번호	핀 이름	핀 종류	기능
1	CH0	I	아날로그 입력 핀 채널 0
2	CH1	I	아날로그 입력 핀 채널 1
3	CH2	I	아날로그 입력 핀 채널 2
4	CH3	I	아날로그 입력 핀 채널 3
5	CH4	I	아날로그 입력 핀 채널 4
6	CH5	I	아날로그 입력 핀 채널 5
7	CH6	I	아날로그 입력 핀 채널 6
8	CH7	I	아날로그 입력 핀 채널 7
9	DGND	—	디지털 그라운드
10	$\overline{CS}$/SHDN	I	칩 셀렉트 / 셧다운 입력 핀
11	Din	I	시리얼 데이터 입력 핀
12	Dout	O	시리얼 데이터 출력 핀
13	CLK	I	시리얼 클록 입력 핀
14	AGND	—	아날로그 그라운드
15	VREF	I	레퍼런스 전압 입력 핀
16	VDD	—	전원 핀

이번엔 볼륨 저항을 사용하여 아날로그 전압값을 입력하는 프로그램을 만들어 봅시다. micro:bit과 A/D 컨버터 IC와의 연결은 그림 3.8.5와 같습니다.

그림 3.8.5 A/D 컨버터 IC의 연결

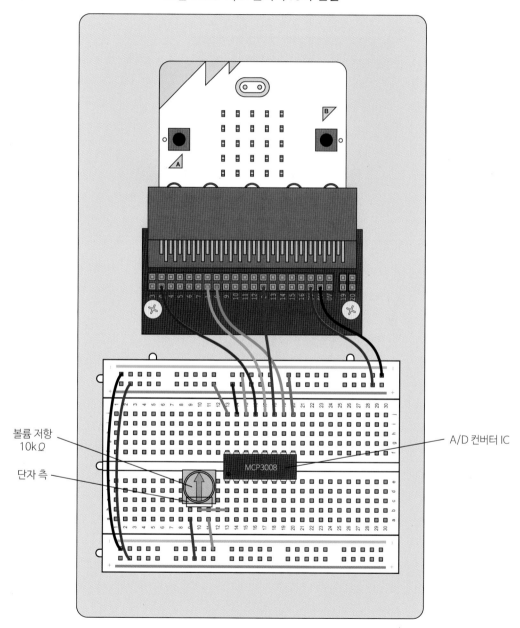

A/D 컨버터 IC의 채널 0에 볼륨 저항을 연결하고 있습니다. 계속해서 프로그램을 만들어 봅시다. 프로그램은 그림 3.8.6과 같습니다.

그림 3.8.6 A/D 컨버터 IC 프로그램

프로그램의 흐름은 다음과 같이 되어 있습니다.

[시작하면 실행] 블록에서는 프로그램 중에 사용할 변수의 초기화와 SPI 단자의 초기 설정을 합니다.

변수 'isReady'는 초기 설정이 끝났음을 나타내는 변수입니다. 'item', 'item1', 'item2'는 SPI 통신을 실시했을 때에 A/D 컨버터 IC에서 보내오는 값을 넣기 위한 변수입니다. 다음에 SPI 통신에서 사용되는 신호를 micro:bit의 단자에 할당합니다. P8은 [~에 디지털 값 ~ 출력] 블록에서 SPI 통신의 'CS' 기호로 사용합니다. [SPI통신 핀을 MOSI ~ MISO ~ SCK ~으로 설정](spi set pins MOSI ~ MISO ~ SCK ~) 블록을 사용하여 SPI 통신의 MOSI 신호를 P2 단자, MISO 신호를 P1 단자, SCK 신호를 P0 단자에 할당합니다. [SPI통신 형식을 bits ~ mode ~으로 설정](spi format bits ~ mode ~) 블록에서는 송수신 데이터를 1바이트로 취급하기 위해서 비트 수를 '8', 앞에서 설명한 대로 이 IC는 SPI의 mode 0에 대응하기 때문에 모드를 '0'으로 설정합니다. [SPI통신 주파수를 ~ (Hz)로 설정](spi frequency ~) 블록에서는 '10000'을 설정합니다(설정값으로는 1000000으로 해도 좋겠습니다만, 동작이 불안정해질 우려가 있어서 10000으로 하고 있습니다).

여기까지 설정이 끝나면 변수 'isReady'를 'true'로 합니다. 변수 'isReady'가 'true'이면 [무한반복 실행] 블록의 [반복(while) ~인 동안 실행](while ~ do) 블록 안의 처리가 실행되게 됩니다. [~에 디지털 값 ~ 출력] 블록에서 P8 단자에 0(Low level)을 출력합니다. 변수 [~에 ~ 저장](set ~ to ~) 블록에 [SPI통신으로 ~을 전송한 결과](spi write ~) 블록을 넣어 SPI 통신을 실행합니다. SPI 통신을 실행했을 때에 송수신되는 데이터는 그림 3.8.7과 같습니다.

그림 3.8.7 SPI 통신의 송신 데이터와 수신 데이터

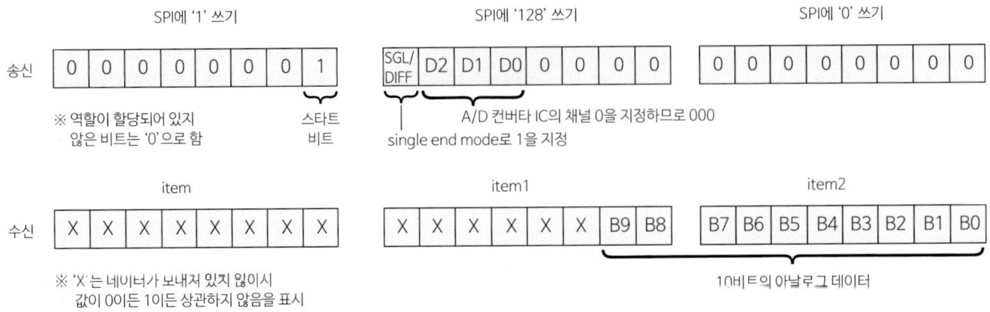

그림 3.8.7을 보면 알 수 있듯이, 구하고자 하는 아날로그 데이터는 변수 item1 과 item2에 분할되어 있습니다. 이를 계산하고 1개의 데이터로 모으는 계산이 SPI 통신 이후의 처리입니다. 변수 'item1'을 4로 나눈 나머지를 구함으로써 그림 3.8.7 의 B9와 B8의 값을 산출하고 있습니다. 그 값을 256배하여 본래의 행의 값으로 다시 변환하고 있습니다. 이것과 item2를 더하는 것으로 아날로그 데이터를 얻을 수 있습니다.

1개의 데이터를 취득하면 [~에 디지털 값 ~ 출력] 블록에서 P8 단자에 1(하이 레벨)을 출력하고 SPI 통신을 종료합니다.

[수 출력](show number) 블록에서 취득한 아날로그 데이터를 표시하고 [일시중지] (pause) 블록에서 1초간 처리를 정지합니다.

볼륨 저항을 돌리면 표시되는 데이터가 바뀝니다.

(3) SPI 인터페이스의 IO 확장 IC

micro:bit에는 디지털 입출력 단자가 18개 준비되어 있습니다만, 그중 8개는 micro:bit의 기판상의 LED나 버튼의 제어 신호로써 이용되고 있기 때문에, 실질적으로 사용할 수 있는 것은 10개의 단자입니다.

대개의 경우는 10개의 단자로 충분하지만, 보다 많은 입출력 핀을 사용하고 싶어질 때도 있겠죠. 그럴 때에는, 아날로그 단자일 때와 같이 전용 IC를 외부에 부착할 필요가 있습니다.

디지털 입출력 단자를 확장할 전용 IC를 IO 확장 IC라고 합니다(그림 3.8.8).

그림 3.8.8 IO 확장 IC(MSP23S08)

이번에 사용하는 MCP23S08는 8개의 입출력 단자를 확장할 수 있는 IO 확장 IC입니다. 이 IC의 내부에 있는 레지스터에 설정치를 기입하는 것으로, 각 핀의 입출력의 변환이나 풀업 저항의 유무 등을 설정할 수 있습니다. 이 IC가 대응하고 있는 SPI 인터페이스의 신호 패턴은 mode 0과 mode 3입니다.

이 IC의 핀 할당은 그림 3.8.9와 표 3.8.2와 같이 되어 있습니다.

그림 3.8.9 MCP23S08의 핀 할당

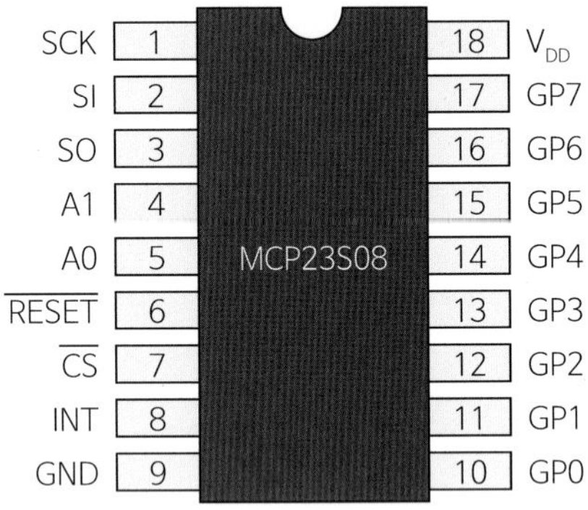

표 3.8.2 **MCP23S08의 핀 할당**

핀 번호	핀 이름	핀 종류	기능
1	SCK	I	시리얼 클록 입력 핀
2	SI	I	시리얼 데이터 입력 핀
3	SO	O	시리얼 데이터 출력 핀
4	A1	I	어드레스 1 입력 핀
5	A0	I	어드레스 0 입력 핀
6	$\overline{RESET}$	I	리셋 입력 핀
7	$\overline{CS}$	I	칩 셀렉트 입력 핀
8	INT	O	인터럽트 출력 핀
9	GND(V_{SS})	—	그라운드
10	GP0	I/O	입출력 핀 비트 0
11	GP1	I/O	입출력 핀 비트 1
12	GP2	I/O	입출력 핀 비트 2
13	GP3	I/O	입출력 핀 비트 3
14	GP4	I/O	입출력 핀 비트 4
15	GP5	I/O	입출력 핀 비트 5
16	GP6	I/O	입출력 핀 비트 6
17	GP7	I/O	입출력 핀 비트 7
18	V_{DD}	—	전원 핀

여기에서는 IO 확장 IC에 연결한 스위치의 상태를 읽어 들여 이 상태에 따라 LED를 키는 프로그램을 작성해 봅시다. micro:bit와 IO 확장 IC의 연결은 그림 3.8.10과 같습니다. 입출력 핀의 비트 0~3에 LED, 비트 4~7에 버튼 스위치가 연결되어 있습니다.

그림 3.8.10 IO 확장 IC의 연결

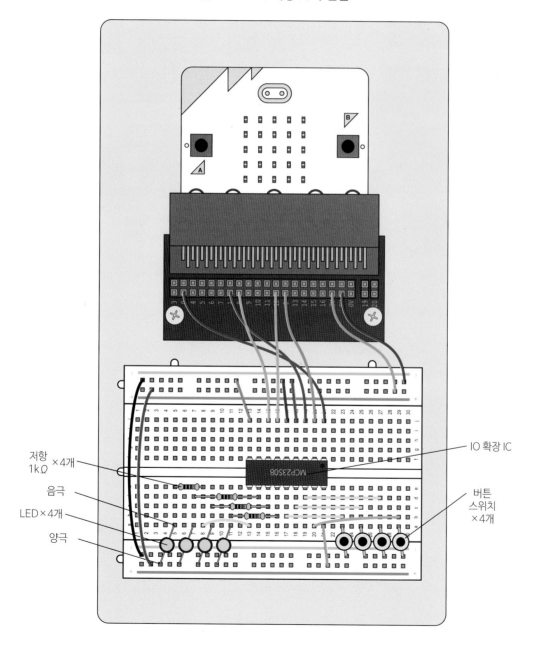

이어서 프로그램을 만듭니다. 프로그램은 그림 3.8.11과 같이 됩니다.

그림 3.8.11 IO 확장 IC의 프로그램

프로그램의 흐름은 다음과 같습니다.

[시작하면 실행] 블록에서는 프로그램 안에서 사용하는 변수의 초기화와 SPI 단자의 초기 설정 및 IO 확장 IC의 초기 설정을 실행합니다.

변수 'isReady'는 초기 설정이 종료된 것을 나타내는 변수입니다. 'item'과 'item1'은 SPI 통신을 실시했을 때 IO 확장 IC에서 보내는 값을 넣기 위한 변수입니다.

다음으로 SPI 통신에서 사용하는 신호를 micro:bit의 단자에 할당합니다. P12는 [~에 디지털 값 ~ 출력] 블록으로 'RESET' 신호로써 사용합니다. P8은 [~에 디지털 값 ~ 출력] 블록으로 SPI 통신의 'CS' 신호로써 사용됩니다. IO 확장 IC와의 통신을 시작하기 전에, P12에 '0'을 출력하여 IO 확장 IC를 리셋합니다(IC 내의 레지스터 값 등을 초기 상태로 되돌리는 조작입니다). 1밀리초 후, P12에 '1'을 출력해 리셋을 해제합니다.

[SPI통신 핀을 MOSI ~ MISO ~ SCK ~으로 설정] 블록을 사용해 SPI 통신의 MOSI 신호를 P2 단자, MISO 신호를 P1 단자, SCK 신호를 P0 단자에 할당합니다. [SPI통신 형식을 bits ~ mode ~으로 설정] 블록에서는 비트 수를 '8', 모드를 '0'으로 설정합니다. [SPI통신 주파수를 ~ (Hz)로 설정] 블록에서는 '10000'을 설정합니다.

SPI 통신의 설정이 끝나면, IO 확장 IC의 초기 설정을 실행합니다. 이번에는 8개의 입출력 핀 가운데, 번호가 작은 4개를 출력으로, 나머지 4개를 입력으로 사용하여, 입력 핀의 풀업 저항을 유효하게 하는 설정을 합니다. 덧붙여, 컨피규레이션 레지스터(IC의 각종 설정을 실시하는 레지스터)의 시퀀셜 오퍼레이션 모드를 무효로 합니다. 시퀀셜 오퍼레이션이란 SPI 통신으로 IO 확장 IC의 레지스터에 접속할 때마다, 액세스하는 레지스터의 주소를 자동으로 1씩 증가시켜 가는 기능입니다. 이번에는 이 기능을 사용하지 않기 때문에 미리 무효로 해 둡니다.

실제로 레지스터에 값을 설정하려면 그림 3.8.12와 같은 순서로 SPI 통신을 실행합니다.

그림 3.8.12 IO 확장 IC의 통신 순서

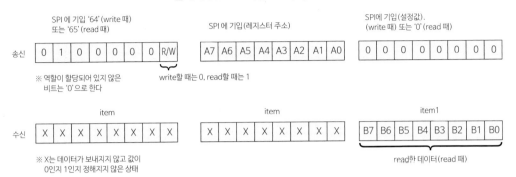

우선 지금부터 IO 확장 IC에 대해서 데이터를 쓸 것인지, 읽어낼지를 지정합니다. 계속해서 액세스하는 레지스터의 주소를 지정합니다. 이번 프로그램에서 사용하는 레지스터와 그 어드레스, 설정값을 표 3.8.3에 나타냅니다.

 레지스터 주소

이 IO 확장 IC에는 여러 레지스터가 내장되어 있습니다. 이 IC를 제어하려면 각각의 레지스터에 값을 쓰거나 읽어낼 필요가 있습니다. 레지스터에 대해서 읽고 쓰기를 실행할 때는 주소를 지정합니다. 주소는 레지스터를 지정하기 위해서 할당된 번호입니다. 레지스터 값의 조작을 실시하려면 반드시 레지스터 주소를 지정합니다.

표 3.8.3 IO 확장 IC의 레지스터(발췌)

주소	레지스터 이름	내용	설정값
0	IODIR	각 단자를 입력 또는 출력으로 설정합니다	단자를 입력으로 하는 경우는 대응하는 비트에 '1'을 설정합니다. 이번에는 상위 4비트가 입력이므로 2진수의 '11110000', 10 진수의 '240'를 써넣습니다.
5	IOCON	IO 확장 IC의 각종 동작의 설정을 합니다	'32'를 써넣어 시퀀셜 오퍼레이션 모드를 무효로 합니다.
6	GPPU	입력 단자의 풀업 저항을 유효 또는 무효로 합니다.	풀업 저항을 유효하게 하는 경우는 대응하는 비트에 1'을 설정합니다. 이번에는 상위 4 비트가 입력이므로 2 진수의 '11110000', 10 진수의 '240'을 써넣습니다.
9	GPIO	IO 확장 IC의 각 단자를 제어합니다.	입력 단자의 경우, 읽기 시작하면 각 단자 상태를 반환합니다. 출력 단자의 경우, 써 있는 값을 출력합니다.

초기 설정이 끝나면 변수 'is Ready'를 'true'로 합니다. 'is Ready' 변수가 'true'가 되면, [무한반복 실행] 블록의 [반복(while): ~인 동안 실행] 블록 내의 처리가 실행되게 됩니다.

우선은 입력 단자 상태를 읽어 냅니다. [~에 디지털 값 ~ 출력] 블록으로 P8 단자에 0을 출력합니다. 변수 [~에 ~ 저장] 블록에 [SPI통신으로 ~을 전송한 결과] 블록을 넣고 SPI 통신을 실행합니다.

먼저 '65'를 입력합니다. 이번 통신이 레지스터의 읽기라고 IC에 통지합니다. 그다음에 GPIO 레지스터의 어드레스 값 '9'를 써넣습니다. 마지막으로 '0'을 써서 GPIO 레지스터의 값을 수신하고, 변수 'item1'에 대입합니다. [~에 디지털 값 ~ 출력] 블록으로 P8 단자에 1을 출력하여 SPI 통신을 종료합니다. 변수 'item1'을 16으로 나눔으로써 입력 단자 상태를 나타내는 상위 4비트의 값을 하위 4비트로 이동시킵니다.

다음은 읽은 입력 단자 상태를 출력 단자에 출력합니다. [~에 디지털 값 ~ 출력] 블록으로 P8 단자에 0을 출력합니다. 변수 [~에 ~ 저장] 블록에 [SPI통신으로 ~을 전송한 결과] 블록을 넣어 SPI 통신을 실행합니다.

처음에는 '64'를 입력해서, 이번 통신이 레지스터에 쓰기라고 IC에 통지합니다. 다음으로 GPIO 레지스터의 주솟값 '9'를 써넣습니다. 마지막으로 변수 'item1'을 적어, IO 확장 IC의 하위 4비트의 출력 단자에 출력합니다. [~에 디지털 값 ~ 출력] 블록으로 P8 단자에 1을 출력하여 SPI 통신을 종료합니다.

프로그램을 실행하면 버튼 스위치를 눌렀을 때 스위치에 대응하는 LED가 켜집니다.

(4) I²C 인터페이스

I²C(Inter Integrated Circuit) 인터페이스는 필립스가 고안한 시리얼 통신의 인터페이스로, 기판상에 내장된 IC끼리 데이터 통신을 실시하기 위해 이용됩니다. IC 사이에 2개의 신호 선으로 접속하여 데이터의 통신을 실시합니다. 연결된 IC에는 주종 관계가 있어, 마스터가 된 IC가 슬레이브 측의 IC에 대해 커맨드(command, 명령어)를 송신하는 등의 제어를 실시합니다. 복수의 마스터나 복수의 슬레이브를 접속할 수도 있어 단 2개의 신호 선에서 수많은 IC와 통신할 수 있기 때문에 매우 편리합니다.

I²C 인터페이스의 신호는 그림 3.8.13과 같이 되어 있습니다.

그림 3.8.13 I²C 인터페이스의 신호

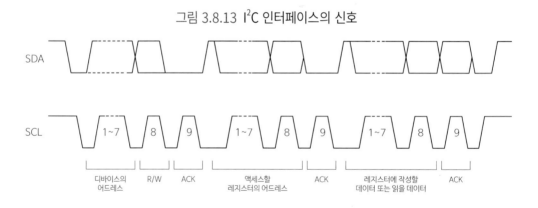

SCL(serial clock)이 클럭 신호, SDA(serial data)가 양방향 데이터 신호입니다. 통신을 개시할 때는 먼저 마스터 쪽이 통신하고 싶은 슬레이브 쪽 디바이스의 고유 주소를 송신합니다. 슬레이브 쪽의 IC가 내부에 레지스터를 갖고 있을 때는, 다시 레지스터 주소를 지정하여 데이터의 읽고 쓰기를 실행합니다.

(5) I²C 인터페이스의 LCD 모듈

여기에서는 16문자 × 2행을 표시할 수 있는 문자 타입의 LCD(액정 디스플레이) 모듈을 연결합니다(그림 3.8.14).

그림 3.8.14 LCD 모듈

LCD 모듈은 I²C 인터페이스로부터 모듈 내부의 레지스터에 인스트럭션이나 데이터를 기입하는 것으로 제어합니다. 이 모듈의 I²C 주소는 16진수 표기로 '3E'입니다. 이것은 10진수로 '62'에 해당합니다.

LCD 모듈을 사용할 때는, 우선 커맨드 바이트를 써넣습니다. 이것에 의해, 이후에 계속되는 데이터의 기입이 인스트럭션인지, 표시되는 문자 데이터인지를 지정합니다. 인스트럭션을 기입하는 경우는 '0', 문자 데이터를 써 넣는 경우는 '64'가 최초로 쓰여지는 커맨드 바이트가 됩니다. 커맨드 바이트에 이어 인스트럭션 또는 표시하는 문자 데이터를 입력합니다.

표시하는 문자 데이터는 DDRAM(Display Data RAM)에 입력됩니다. DDRAM에는 그림 3.8.15와 같이 주소가 할당되어 있습니다.

그림 3.8.15 DDRAM의 주소

16문자

우측 끝

표시 위치	1	2	~	16
1행째	0x00	0x01	~	0x0f
2행째	0x40	0x41	~	0x4f

주솟값은 LCD 모듈 내의 주소 카운터 AC(address counter)에 보관되어 있습니다. 주소 카운터는 인스트럭션으로 직접 지정할 수도 있고, 문자 데이터를 쓴 다음에 자동으로 +1 또는 -1 하도록 설정할 수 있습니다.

LCD 모듈의 인스트럭션에는 표 3.8.4와 같은 것들이 있습니다.

표 3.8.4 LCD 모듈의 인스트럭션

인스트럭션 이름	인스트럭션의 코드										내용
	16진법 표기	10진법 표기	2진법 표기								
			b7	b6	b5	b4	b3	b2	b1	b0	
Clear Display	01	1	0	0	0	0	0	0	0	1	화면을 클리어합니다.
Return Home	02	2	0	0	0	0	0	0	1	0	DDRAM 어드레스(문자 데이터의 작성 위치를 지정하는 어드레스)를 0으로 세팅합니다.
Entry Mode Set	04 ~ 07	4 ~ 7	0	0	0	0	0	1	I/D	S	I/D:0일 때, 문자데이터를 입력한 후 커서가 왼쪽으로 이동해 DDRAM어드레스가 +1 됩니다. 1일 때는 문자 데이터를 작성하고 나서 커서가 오른쪽으로 이동해 DDRAM 주소가 -1됩니다. S:1일 때, I/D비트 설정에 따라 표시를 시프트 합니다. I/D비트가 0일 때 오른쪽으로 시프트, 1일 때 왼쪽으로 시프트가 됩니다.

인스트럭션 이름	16진법 표기	10진법 표기	b7	b6	b5	b4	b3	b2	b1	b0	내용
Display ON/OFF	08 ~ 0F	8 ~ 15	0	0	0	0	1	D	C	B	D:1일 때, 디스플레이의 표시를 ON으로 합니다(0일 때는 OFF). C:1일 때, 커서의 표시를 ON으로 합니다(0일 때는 OFF). B:1일 때 커서가 점멸합니다. (0 때는 점멸하지 않음)
Function Set	20 ~ 3F	16 ~ 63	0	0	1	DL	N	DH	0	IS	DL:0일 때 데이터 길이가 4비트, 1일 때 8비트가 됩니다. N:0일 때 1행 표시, 1시 2행을 표시합니다. DH:0일 때, 5×8 도트 문자를 표시합니다. 1일 때는, N이 0이면 5×16 도트 문자를 표시합니다. IS:0일 때 노멀 인스트럭션 모드, 1 때 확장 인스트럭션 모드가 됩니다.
Set DDRAM Address	첫 행: 80~8F 두 번째 행: C0~CF	첫 행: 128~143 두 번째 행: 192~207	1	AC6	AC5	AC4	AC3	AC2	AC1	AC0	어드레스 카운터에 DDRAM 어드레스 값을 작성합니다.

Function Set 인스트럭션의 IS 비트 값에 의해 인스트럭션 모드를 바꿀 수 있습니다. IS 비트의 값이 0 때는 노멀 인스트럭션 모드, 1일 때는 확장 인스트럭션 모드가 됩니다. 각각의 인스트럭션 모드에서의 인스트럭션은 표 3.8.5와 표 3.8.6과 같습니다.

표 3.8.5 **노멀 인스트럭션 모드(IS = 0)의 인스트럭션**

인스트럭션 이름	16진법 표기	10진법 표기	b7	b6	b5	b4	b3	b2	b1	b0	내용
Cursor or Display Shift	10 ~ 1C	16 ~ 28	0	0	0	1	S/C	R/L	-	-	S/C:0일 때 커서를 시프트, 1일 때 R/L의 설정에 따라 표시를 시프트 합니다. R/L:0일 때 왼쪽으로 시프트, 1일 때 오른쪽으로 시프트합니다.
Set CGRAM (Character Generator RAM) Address	40 ~ 7F	64 ~ 127	0	1	0	0	0	0	1	0	어드레스 카운터에 CGRAM 어드레스 값을 작성합니다.

표 3.8.6 확장 인스트럭션 모드(IS=1)의 인스트럭션

인스트럭션 이름	인스트럭션의 코드										내용
	16진법 표기	10진법 표기	2진법 표기								
			b7	b6	b5	b4	b3	b2	b1	b0	
Internal OSC Frequency	10 ~ 1F	16 ~ 31	0	0	0	1	BS	F2	F1	F0	BS:0일 때 1/5 바이어스, 1일 때 1/4 바이어스를 선택합니다. 이 모듈에서는 0으로 설정합니다. F2~0: 내부 발신기의 주파수를 조정합니다. 이 모듈에서는 100(183Hz)로 설정합니다.
Set ICON RAM Address	40 ~ 4F	64 ~ 59	0	1	0	0	AC3	AC2	AC1	AC0	어드레스 카운터에 ICON RAM 어드레스 값을 써넣습니다. 이 모듈에는 ICON이 없기 때문에 설정은 무효입니다.
Power/ ICON Control/ Contrast Set	50 ~ 5F	80 ~ 95	0	1	0	1	Ion	Bon	C5	C4	Ion:1일 때 ICON을 표시합니다. 이 모듈에서는 무효입니다. Bon:LCD 모듈의 전원전압이 3.3V일 때에 1, 5V 때에 0으로 설정합니다. C5,C4: 콘트라스트의 조정치입니다. C3~0과 같이 맞추어 설정합니다.
Follower Control	60 ~ 6F	96 ~ 111	0	1	1	0	Fon	Rab2	Rab1	Rab0	Fon:1일 때 내부 팔로워 회로를 ON으로 합니다(0일 때는 OFF). 이 모듈에서는 1로 설정합니다. Rab2~0: V0 제네레이터 증폭 비율을 조절합니다. 이 모듈에서는 100으로 설정합니다.
Contrast Set	70 ~ 7F	112 ~ 127	0	1	1	1	C3	C2	C1	C0	C3~0: 콘트라스트의 조정치입니다. C5~4와 맞추어 설정합니다. 이번에는 C5~0으로 23(16진수표기)으로 설정합니다.

micro:bit에서 I²C 인터페이스를 사용하는 경우, I²C 인터페이스의 SCL 신호는 확장 단자의 19번, SDA 신호는 20번에 연결합니다.

하지만 여기서 한 가지 문제가 있습니다. BBC micro:bit용 에지 커넥터 피치 변환 기판의 19번과 20번에는, 핀 헤더가 납땜 되어 있지 않습니다.

그 때문에 LCD 모듈을 연결하기 전에 2×2핀의 핀 헤더를 BBC micro:bit용 에지 커넥터 피치 변환 기판에 납땜합니다(그림 3.8.16).

그림 3.8.16 2×2핀의 핀 헤더를 납땜

납땜이 끝났다면 micro:bit와 LCD 모듈을 연결합니다. 연결은 그림 3.8.17과 같습니다.

그림 3.8.17 LCD 모듈 연결

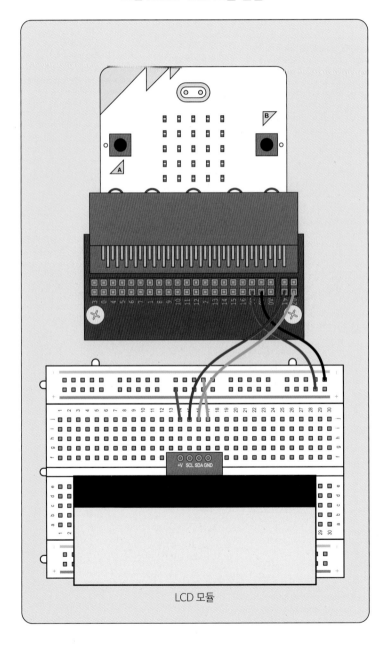

LCD 모듈

여기서는 LCD 모듈에 'Hello World'를 표시하는 프로그램을 만듭니다. LCD 모듈을 제어하는 프로그램은 그림 3.8.18과 같습니다.

그림 3.8.18 LCD 모듈 프로그램

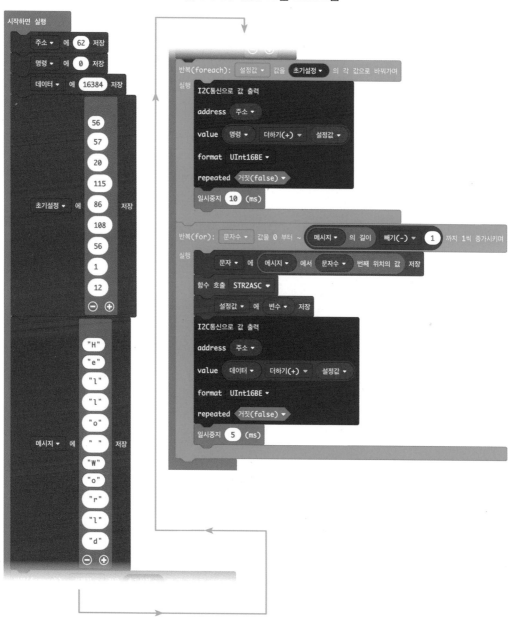

프로그램은 다음과 같습니다.

이 프로그램은 [시작하면 실행] 블록으로 되어 있습니다.

변수 [~에 ~ 저장] 블록을 사용하여 각 변수에 값을 대입해 갑니다. 변수 '주소'
에는 LCD 모듈의 I²C 주소인 '62'를 대입합니다. 변수 '명령'에는 인스트럭션을 기입
할 경우의 명령 바이트인 '0', 변수 '데이터'에는 문자 데이터를 기입하는 경우의 '64'
를 256배 한 '16384'를 대입합니다. 배열 변수 '초기 설정'에는 LCD 모듈을 초기화
하기 위한 명령어를 차례로 대입하고 있습니다. 배열 변수 '메시지'에는 LCD 모듈
에 표시하는 문자열을 대입하고 있습니다.

[반복(foreach): ~ 값을 ~의 각 값으로 바꿔가며 실행](for element ~ of ~ do) 블록
안에서, [I2C통신으로 값 출력](i2c write number) 블록을 사용하여 LCD 모듈에 초기
설정을 위한 명령어를 보냅니다. [I2C통신으로 값 출력] 블록에는 LCD 모듈의 I²C
'주소', '명령', '설정값'을 지정합니다. '명령'과 '설정값'은 연속으로 송신해야 되기 때
문에, 연속하는 2바이트의 데이터로 정리해야 합니다.

이 때문에 '명령'이 상위 바이트, '설정값'이 하위 바이트가 되도록 계산합니다.
인스트럭션의 경우는 값이 0이니까 그대로 더합니다. 여기서 써 내려가는 값은 이
것뿐이므로, 'repeated'에는 '거짓(false)'를 지정합니다. 데이터를 송신한 후 LCD 모
듈 내의 처리가 이루어지기를 기다리기 위해 10밀리초 대기합니다.

[반복(for): ~ 값을 0 ~ 까지 1씩 증가시키며 실행](for ~ from 0 to ~ do) 블록 안에
서는 I²C 수치를 쓰기 위한 블록을 사용해서 LCD 모듈로 표시하는 문자열을 보냅
니다. 반복 횟수에는 문자열 '메시지'의 배열 길이에서 1을 뺀 수를 지정합니다. 이
것은 반복 횟수의 카운트가 0부터 시작되기 때문입니다.

다음으로 문자열 '메시지'의 앞에서부터 한 문자씩 변수 '문자'에 대입합니다.
LCD 모듈로 송신하는 문자 데이터는 ASCII 코드로 표현해야 하기 때문에 함수

'STR2ASC'에 의해 변수 '문자'를 ASCII 코드로 변환합니다(그림 3.8.19). 이 함수의 처음에 있는 변수 [~에 ~ 저장] 블록의 '문자 데이터' 변수에는 다음과 같이 입력합니다.

!"#$%&'()*+,-./0123456789:;<=>?@ABCDEFGHIJKLMNOPQRSTUVWXYZ[\]^_`abcdefghijklm
nopqrstuvwxyz{|}

그림 3.8.19 **STR2ASC 함수**

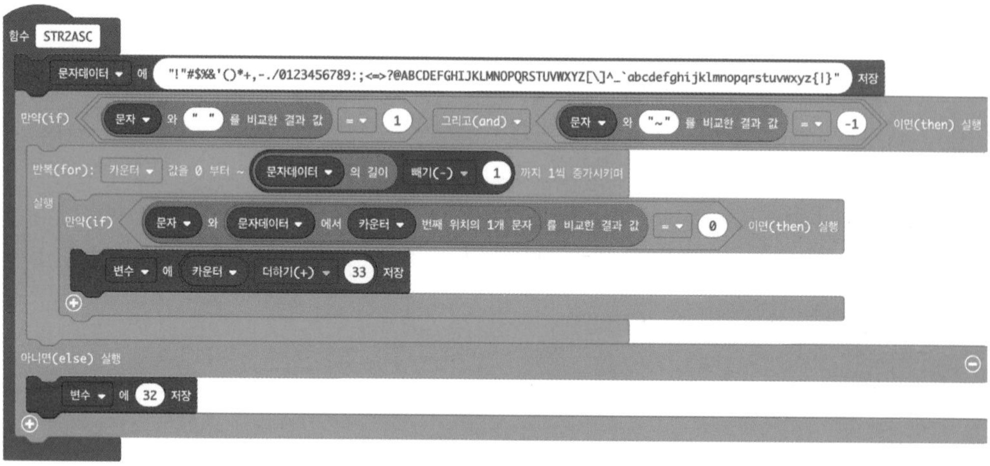

ASCII 코드로 변환한 값을 변수 '값'에 대입하고, [I2C통신으로 값 출력] 블록을 사용하여 LCD 모듈에 작성합니다. 이 블록의 'value'에는 변수 '데이터'와 '설정값'을 더한 수를 지정합니다. 변수 '데이터'에는 LCD 모듈에 데이터를 입력하는 것을 알리는 값의 64(16진수 0x40)를 256배 한 값이 대입되어 있습니다. 이것들을 더해서 상위 바이트가 문자 데이터의 작성을 나타내는 상위 바이트, 하위 바이트를 작성하는 문자 데이터가 됩니다.

이 블록의 실행이 끝나면 LCD 모듈에 "Hello World"라고 표시됩니다.

Column 컴퓨터가 취급하는 수

● 수를 표시할 때는 2진법을 사용

현대 컴퓨터는 '디지털 회로'라는 방식으로 설계되어 있습니다. 이 경우 '디지털'이라고 함은, 전기 신호의 '하이 레벨'을 1, '로우 레벨'을 0이라고 하는 정보로서 취급한다는 뜻입니다. 이것은 컴퓨터의 하드웨어를 만들 때 매우 중요한 사고방식입니다.

'하이 레벨'과 '로우 레벨'은 전압 차이로 표현되며 일반적으로 '하이 레벨'은 컴퓨터의 동작 전원, '로우 레벨'은 0V입니다. micro:bit는 3V로 동작하므로 3V를 '하이 레벨'로 취급합니다 (실제로는 3V와 다소 차이는 있습니다).

이렇게 함으로써 컴퓨터로 취급할 수 있는 숫자는 0과 1뿐만이므로 0과 1을 조합해 다양한 정보를 표현할 궁리를 해야 할 필요가 있습니다. 여기서 수를 표현하기 위해 사용하는 것이 2진법이라는 방법입니다. 우리들이 주로 사용하는 10진법을 2진법으로 표현하면 표 3.8.7과 같습니다.

표 3.8.7 **10진법과 2진법의 비교**

10진법	2진법
0	0
1	1
2	10
3	11
4	100
5	101
6	110
7	111
8	1000
9	1001
10	1010

● 정보의 단위는 '8'이 기본이 된다.

'하이 레벨', '로우 레벨'을 나타내는 최소 정보량을 '비트'라고 합니다. 한 개의 신호선은 '하이 레벨'과 '로우 레벨'이라는 두 가지의 전압을 취득, 즉 두 가지의 정보를 표현하는 것을 알 수 있습니다. 신호 선이 2개이면 2비트입니다.

이 신호 선이 8개가 되면, '바이트'라는 단위가 됩니다. 왜 8비트를 1바이트라고 하느냐 하는 것은, 알파벳이나 기호를 나타내기 위해 미국에서 고안된 문자 코드 체계인 '아스키(ASCII) 코드'에서 8비트가 문자 하나를 표현하는 정보량으로서 정해졌기 때문입니다(엄밀히 말하자면 문자를 표시하기 위해 7비트, 남은 1비트로는 통신을 하기 위한 패리티 정보로서 사용되거나 했습니다).

컴퓨터에서 다루는 정보량이 '8'을 기준으로 하는 것이 많은 것은 이러한 이유입니다. 예를 들어 '64비트 CPU'라고 하는 것은 한 번에 다루는 정보량이 64비트의 CPU를 의미하지만, 64비트는 8의 8배인 것입니다.

● **16진법 표기가 편리한 이유**

컴퓨터에서는 16진법 표기도 자주 사용됩니다. 이것은 0과 1을 많이 나열해야 하는 2진수를 간결하게 알기 쉽게 치환하는데 적당하기 때문입니다.

10진수와 2진수, 16진수를 비교한 것이 표 3.8.8입니다.

표 3.8.8 **10진수와 2진수, 16진수의 비교**

10진법	2진법	16진법
0	0	0
1	1	1
2	10	2
3	11	3
4	100	4
5	101	5
6	110	6
7	111	7
8	1000	8
9	1001	9
10	1010	A
11	1011	B
12	1100	C
13	1101	D
14	1110	E
15	1111	F
16	10000	10
17	10001	11
18	10010	12

2진수의 4문자는 16진수의 1문자로 대체됩니다. 0부터 F까지(10진수에서의 0부터 15까지)의 대응표가 앞에 들어가면, 2진수를 4자리씩으로 구분하여 생각할 수 있습니다. 예를 들어 2진수의 '10001010'을 16진수로 표현한다면, '1000'은 '8', '1010'은 'A'이므로, '8A'가 됩니다.

2진수를 10진수로 변환하려고 하면, 최하위의 비트로부터 '2의 0제곱' + '2의 1제곱' + … 의 계산이 필요하게 됩니다.

MakeCode의 256 범위, 2048 범위는 어디에서?

MakeCode의 블록에서는, '명도'가 '0부터 255까지'의 256 범위에서 나타내거나, '가속도'가 '-1024에서 1023까지'의 2048 범위에서 나타내어집니다. 평상시 잘 사용뇌지 않는 이 기묘한 구분법은 '전압치의 디지털화'로 인해서 발생합니다.

명도나 가속도는 센서에 의해 전압으로 변환되어 최종적으로는 디지털화되어 0과 1로 표현되고 있습니다. 디지털된 전압의 값은 8비트나 11비트로 나타납니다(IC의 성능에 따라서는 더 큰 비트 수로 변환되기도 합니다). 비트 수가 늘어나면 더욱 세세하게 수를 표현할 수 있게 되어 데이터의 정밀도가 높아지지만 회로의 비용과 변환에 필요한 시간이 증가합니다. 8비트로 표현할 수 있는 수는 256, 11비트에서는 2048이 됩니다. 이것들은 각각 2의 8제곱, 2의 11제곱에 대응하고 있습니다.

이 절에 사용된 블록

❶ [SPI통신 핀을 MOSI ~ MISO ~ SCK ~으로 설정] 블록

SPI 통신에 사용할 'MOSI' 신호, 'MISO' 신호, 'SCK' 신호를 각 핀에 할당합니다(그림 3.8.20).

그림 3.8.20 [SPI통신 핀을 MOSI ~ MISO ~ SCK ~으로 설정] 블록

SPI통신 핀을 MOSI [P2 ▾] MISO [P1 ▾] SCK [P0 ▾] 으로 설정

❷ [SPI통신 형식을 bits ~ mode ~으로 설정] 블록

SPI 통신의 형식을 지정합니다. '비트' 수에는 송수신하는 데이터의 비트 수, '모드'에는 접속하는 IC의 사양에 맞추어 0 ~ 3을 지정합니다(그림 3.8.21).

그림 3.8.21 [SPI통신 형식을 bits ~ mode ~으로 설정] 블록

❸ [SPI통신 주파수를 ~ (Hz)로 설정] 블록

SPI 통신의 SCK 신호의 주파수를 지정합니다(그림 3.8.22).

그림 3.8.22 [SPI통신 주파수를 ~ (Hz)로 설정] 블록

❹ [SPI통신으로 ~을 전송한 결과] 블록

SPI 통신으로 데이터의 송수신을 실행합니다. 블록으로 지정하는 수치는 송신 데이터가 됩니다. 이 블록을 실행하면 데이터 수신도 동시에 이루어지므로 수신 데이터를 변수에 대입할 필요가 있습니다(그림 3.8.23).

그림 3.8.23 [SPI통신으로 ~을 전송한 결과] 블록

SPI통신으로 0 을 전송한 결과

❺ [I2C통신으로 값 출력] 블록

I²C 통신으로 데이터를 송신할 경우에 사용합니다. 'address'에는 통신하는 I²C 디바이스의 주소를 지정합니다. 'value'에는 송신하는 데이터를 지정합니다. 'format'에는 송신하는 데이터의 형식을 지정합니다(그림 3.8.24).

지정할 수 있는 형식은 표 3.8.9와 같습니다. 덧붙여 표 안의 부호 있음·부호 없음은, 수치가 +, -의 수를 나타내고 있는지, 양수만을 나타내고 있는지를 의미하고 있습니다.

엔디안(endian)은 수치가 여러 바이트일 경우, 나열 순서를 나타냅니다. '수치'로 지정한 데이터의 하위 바이트 쪽 주솟값이 상위 바이트 쪽보다 클 경우에는 '빅 엔디안', 반대로 하위 바이트 쪽의 주솟값이 상위 바이트 쪽보다 작은 경우는 '리틀 엔디안'입니다.

그림 3.8.24 [I2C통신 출력] 블록

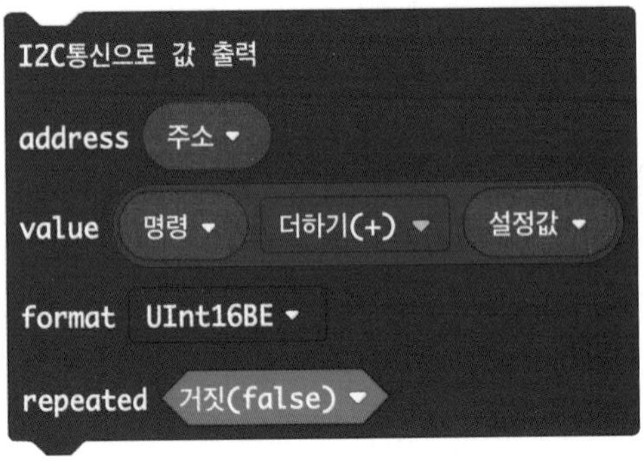

'repeated'에는 '참' 또는 '거짓'을 지정합니다. '거짓'을 설정하면 이것으로 통신을 종료하고, '참'을 설정하면 이대로 새롭게 통신을 시작합니다. 디바이스에 따라서는 데이터를 읽어 낼 때, 읽어내는 데이터의 주소를 지정해야만 데이터를 읽을 수 있는 것이 있습니다. 그때에 [I2C통신으로 값 출력] 블록으로 주소를 적어, 'repeated'에 '참'을 설정하고, [I2C통신으로 값 입력] 블록을 사용해 데이터를 읽어 내도록 합니다.

표 3.8.9 'I2C 통신' 블록의 'format'

형식	의미
Int8LE	부호 포함 8비트 리틀 엔디언
UInt8LE	부호 없는 8비트 리틀 엔디언
Int16LE	부호 포함 16비트 리틀 엔디언
UInt16LE	부호 없는 16비트 리틀 엔디언
Int32LE	부호 포함 32비트 리틀 엔디언
Int8BE	부호 포함 8비트 빅 엔디언
UInt8BE	부호 없는 8비트 빅 엔디언
Int16LE	부호 포함 16비트 빅 엔디언
UInt16BE	부호 없는 16비트 빅 엔디언
Int32BE	부호 포함 32비트 빅 엔디언

3.9 micro:bit 연동하기

micro:bit은 무선통신 기능을 갖고 있습니다. 여기서는 2개의 micro:bit를 사용해서 서로 데이터를 주고받는 프로그램을 작성합니다.

(1) 버튼을 누른 것을 전송하기

micro:bit에는 무선 기능이 내장되어 있으므로 무선통신을 위해 새로운 전자 공작을 할 필요는 없습니다.

우선 micro:bit의 버튼이 눌린 것을 다른 micro:bit에 전송하는 프로그램을 작성해 봅시다. 여기에서는 2대의 micro:bit를 사용하지만, 2대 모두 같은 프로그램으로 동작합니다.

프로그램은 그림 3.9.1과 같습니다.

그림 3.9.1 무선통신 프로그램(RADIO01)

프로그램은 다음과 같이 되어 있습니다.

[시작하면 실행] 블록에서 무선 통신이 없는 대기 상태 때의 표시를 실행합니다. 버튼 [A 누르면 실행](on button ~ pressed) 블록 안에, [라디오 전송 : 문자열 ~]

(radio send string ~) 블록을 넣습니다. 이 블록의 인수로 "A"를 지정합니다.

버튼 [B 누르면 실행] 블록에도 마찬가지로 [라디오 전송 : 문자열 ~] 블록을 넣어 인수로 "B"를 지정합니다.

[라디오 수신하면 실행: ~](on radio received ~) 블록에 변수 'receivedString'을 지정하고, 그 안에서 다음의 처리를 합니다. [만약(if) ~ 이면(then) 실행] 블록으로 변수 'receivedString'의 값이 'A'일 경우에 [문자열 출력] 블록에 'A'를 표시하고, 변수 'receivedString'의 값이 'B'인 경우에는 [문자열 출력] 블록으로 'B'를 표시합니다. [일시중지] 블록으로 1초간 표시를 지속하고 그 후 대기 상태의 표시로 되돌립니다.

2개의 micro:bit에 이 프로그램을 다운로드해서 동작을 확인해 봅시다.

(2) :MOVE mini를 라디오(무선) 컨트롤로 조작하기

다음으로는 micro:bit의 로봇 키트 ':MOVE mini'를 라디오 컨트롤로 조작해 봅시다. ':MOVE mini'는 micro:bit를 내장해 동작시킬 수 있는 이륜주행 로봇 카입니다(그림 3.9.2).

그림 3.9.2 :MOVE mini

':MOVE mini'의 조립하는 방법에 대해서는 부록을 참조해 주세요.

여기서는 바로 프로그램을 작성합니다.

우선은 컨트롤러 측의 프로그램입니다(그림 3.9.3).

그림 3.9.3 컨트롤러의 프로그램

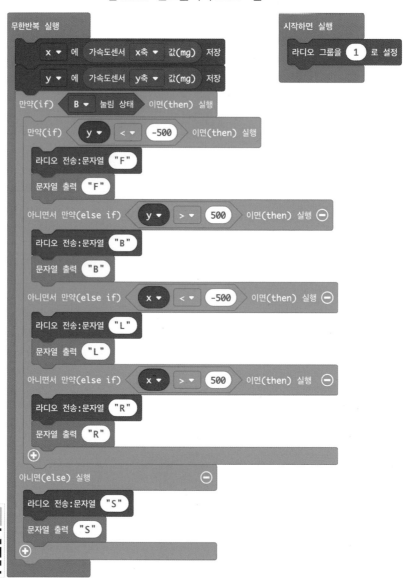

[시작하면 실행] 블록 안에서 [라디오 그룹을 ~로 설정](radio set group ~) 블록에 '1'을 설정합니다. 라디오 그룹을 설정하면, 같은 그룹에 설정된 micro:bit와 무선 통신을 할 수 있게 됩니다.

[무한 반복 실행] 블록에서는 가속도 센서의 X축과 Y축의 값을 변수 x와 y에 각각 대입하고 있습니다.

[만약(if) ~ 이면(then) 실행] 블록에서 버튼 B가 눌러져 있는지를 판정하고, 눌러져 있는 경우는 변수 x와 y의 값에 따라 [라디오 전송 : 문자열](radio send string) 블록을 사용하여 대응하는 문자열을 송신합니다. [만약(if) ~ 이면(then) 실행] 블록의 위에서부터 순서대로 변수 y가 -500보다 작을 때(micro:bit를 앞으로 기울인 상태)는 'F', 변수 y가 500보다 클 때(micro:bit를 뒤로 기울인 상태)는 'B', 변수 x가 -500보다 작을 때(micro:bit을 왼쪽으로 기울인 상태)는 'L', 변수 x가 500보다 클 때 (micro:bit를 오른쪽으로 기울인 상태)는 'R'을 전송합니다. 버튼 B가 눌리지 않을 때는 'S'를 전송합니다.

다음은 :MOVE mini 측의 프로그램입니다(그림 3.9.4).

그림 3.9.4 :MOVE mini를 제어하는 프로그램

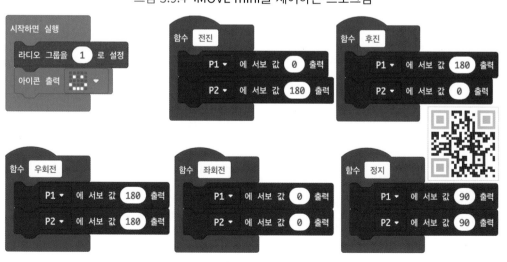

[시작하면 실행] 블록으로 '라디오 그룹의 설정'과 '아이콘 출력'를 실행하고 있습니다.

[함수] 블록을 사용하여 ':MOVE mini'의 움직임('전진', '후진', '우회전', '좌회전', '정지')을 함수화해 둡니다.

[라디오 수신하면 실행: ~](on radio received ~) 블록으로 컨트롤러로부터 받은 문자에 의해 처리가 나누어지도록 하고 있습니다.

컨트롤러와 ':MOVE mini'의 micro:bit 각각에 프로그램을 기입해 동작을 확인해 봅시다.

':MOVE mini'를 수평인 넓은 장소에 둡니다. 컨트롤러 쪽에서 버튼 B를 누르면서 micro:bit를 앞으로 기울이면 ':MOVE mini'가 전진합니다. 뒤로 기울이면 후진, 오른쪽으로 기울이면 우회전, 왼쪽으로 기울이면 좌회전합니다. 버튼 B를 떼면 정지합니다.

이 절에 사용된 블록

❶ [라디오(무선) 전송] 블록

지정한 문자열을 무선으로 전송합니다(그림 3.9.5).

그림 3.9.5 [라디오 전송] 블록

❷ [라디오 수신하면 실행: ~] 블록

무선으로 데이터를 수신하면 블록 내의 프로그램을 실행합니다. 수신한 데이터는 지정된 변수에 대입됩니다(그림 3.9.6).

그림 3.9.6 [라디오 수신하면 실행: ~] 블록

❸ [라디오 그룹을 ~로 설정] 블록

무선 그룹을 설정합니다. 동일한 값으로 설정된 그룹과만 무선통신을 할 수 있도록 됩니다(그림 3.9.7).

그림 3.9.7 [라디오 그룹을 ~로 설정] 블록

제 **4** 장

타미야 로봇 제어하기

micro:bit를 사용한 전자 공작에 익숙해졌다면 이번에는 로봇에 micro:bit를 연동하여 봅시다. 여기서는 타미야(Tamiya)가 제작한 '캠 프로그램 로봇 공작 세트'를 사용합니다. 이 공작 세트는 프로그램 바에 캠을 세팅함으로써, 로봇의 움직임을 프로그래밍할 수 있습니다. 프로그램 바 부분을 micro:bit로 바꾸어서 micro:bit에서 로봇의 움직임을 제어할 수 있도록 합니다.

4.1 '캠 프로그램 로봇 공작 세트'란?

캠 프로그램(Cam-Program) 로봇 공작 세트는 타미야(Tamiya)가 제작한 공작 키트입니다. 캠을 세팅한 프로그램 바(program bar)를 로봇 본체로 읽어 들이면 프로그램대로 동작하게 되어 있습니다(그림 4.1.1).

그림 4.1.1 캠 프로그램 로봇

동력으로는 소형 DC 모터를 사용하고 있습니다. 공작 키트이어서 불필요한 부품을 제거한다던지, 사용자가 원하는 부품으로 대체하거나 하는 등, 사용자 입장에서 개조하기 쉽도록 만들어져 있습니다.

여기에서는 캠 프로그램의 읽기 부분을 micro:bit로 대체하고 micro:bit 프로그램에서 동작하도록 개조합니다. 사용하는 부품은 표 4.1.1과 같습니다. 또한, micro:bit는 2개가 필요합니다.

표 4.1.1 **사용 부품**

부품 이름	품번 / 규격	제조사	수량
micro:bit*	SEDU-037358	Micro:bit 교육재단	1*
캠 프로그램 로봇 공작 세트	ITEM70227	타미야(Tamiya)	1
BBC micro:bit용 에지 커넥터 피치 변환 기판*	KITRONIK-5601B**	Kitronik	1
브레드보드*	82 X 53mm**	–	1
점프 와이어 팩*	SKS-100***	–	1
TB6612FNG 탑재 듀얼 모터 드라이버(핀 헤더 포함)	SFE-ROB-14450	SparkFun	1
건전지 박스(ON/OFF 스위치 포함)*	AA 건전지 × 2개	–	1
육각 서포터(M3 암수)*	BS-308E 8mm	–	2
볼트*	M3 5mm	–	2
너트*	M3	–	2

     * 제4장에서는 2개의 micro:bit가 필요합니다.
   ** 제3장에서 사용하는 'BBC micro:bit용 프로토타이핑 세트'에 포함되어 있습니다.
 *** 마이크로비트 기본세트(㈜제이케이이엠씨)의 '단선 점퍼 팩' 또는 점퍼케이블키트(U자) PP-A303으로
     대체 가능합니다.
  ★ 마이크로비트 기본세트(㈜제이케이이엠씨) 구성에 포함된 부붐입니다 기타 부품은 직접 추가 구매해야
     합니다. 마이크로비트 기본세트에는 micro:bit 1개를 포함하므로 추가로 1개의 micro:bit를 구매할 필
     요가 있습니다.

4.2 DC 모터 제어

    캠 프로그램 로봇의 동력은 DC 모터입니다. micro:bit의 확장 단자로는 구동 전류가 충분히 흐르지 않아 직접 DC 모터를 제어할 수 없습니다. 이때 필요한 것이 모터 드라이버 IC입니다. 여기에서는 도시바의 모터 드라이버 IC인 TB6612FNG를 탑재한 모터 드라이버 IC 모듈을 사용합니다(그림 4.2.1).

그림 4.2.1 모터 드라이버 IC 모듈

이 모터 드라이버 IC는 모터의 정회전·역회전과 회전 속도를 제어할 수 있는 최대 2개의 DC 모터를 구동시킬 수 있습니다. 이 모터 드라이버 IC의 제어 신호와 DC 모터의 동작의 관계는 표 4.2.1과 같습니다.

표 4.2.1 **모터 드라이버 IC의 제어 신호**

제어 신호				DC 모터의 동작
IN1	IN2	PWM	STBY	
HIGH	HIGH	HIGH/LOW	HIGH	브레이크
LOW	HIGH	HIGH	HIGH	정회전
		LOW	HIGH	브레이크
HIGH	LOW	HIGH	HIGH	역회전
		LOW	HIGH	브레이크
LOW	LOW	HIGH	HIGH	정지
HIGH/LOW	HIGH/LOW	HIGH/LOW	LOW	스탠바이

4.3 '캠 프로그램 로봇 공작 세트' 조립하기

캠 프로그램 로봇을 조립하여 봅시다. 조립은 캠 프로그램 로봇 조립 설명서에 적힌 순서대로 진행합니다. 단, 캠 프로그램을 동작시키기 위한 부분은 필요 없으므로, 그곳은 조립하지 않습니다. 조립 설명서와 책을 모두 참고하면서 조립하여 주세요.

상자를 열면 우선 조립 설명서에 적힌 부품 목록과 상자 속의 내용을 비교하여 부족한 부품이 없는지 확인해 봅니다. 확인이 끝나면 조립 설명서에 기재되어 있는 순서 번호대로 조립해 나갑니다.

순서 ①은 프로그램 바의 부분이어서 건너뜁니다.

순서 ②의 사이드 프레임의 장착에서는 좌우 양쪽 사이드 프레임에 휠을 설치합니다(그림 4.3.1, 그림 4.3.2). 조립 설명서에서는 한쪽 사이드 프레임만 장착하는 것으로 설명하고 있지만, 본 책에서는 양쪽에 설치하는 점에 주의하세요.

그림 4.3.1 사이드 프레임에 사용하는 부품

그림 4.3.2 사이드 프레임의 조립

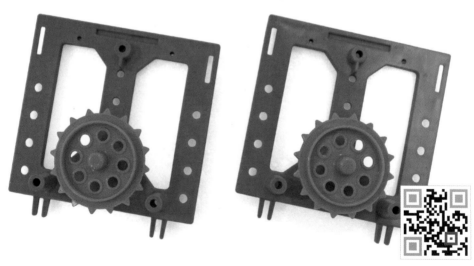

휠을 장착한 사이드 프레임을 샷시에 부착합니다(그림 4.3.3, 그림 4.3.4).

그림 4.3.3 샷시의 부착에 사용하는 부품

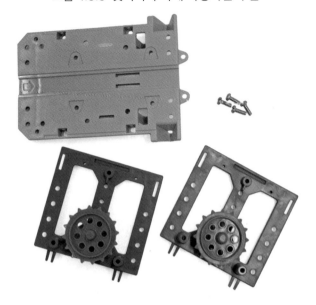

그림 4.3.4 사이드 프레임을 샷시에 부착

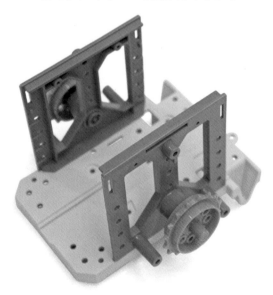

순서 ③에서는 사이드 프레임 서포트를 부착합니다(그림 4.3.5, 그림 4.3.6). 조립 설명서에서는 사이드 프레임 서포트를 단 뒤 오른쪽 사이드 프레임에 휠을 장착하는 작업이 기재되어 있지만 본 책에서는 순서 ②에서 이미 완료하였으므로 넘어 가면 됩니다.

그림 4.3.5 사이드 프레임 서포트의 부품

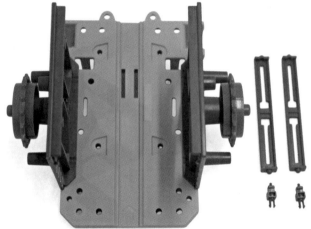

그림 4.3.6 사이드 프레임 서포트 부착

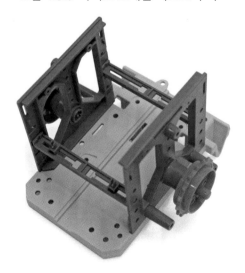

순서 ④에서 기어 케이스를 조립합니다(그림 4.3.7, 그림 4.3.8, 그림 4.3.9).

그림 4.3.7 기어 케이스의 왼쪽 부분 부품

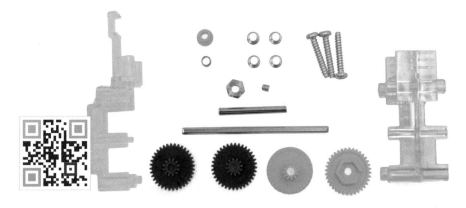

그림 4.3.8 조립한 기어 케이스의 좌우 부품

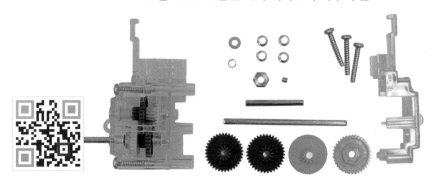

그림 4.3.9 완성된 기어 케이스

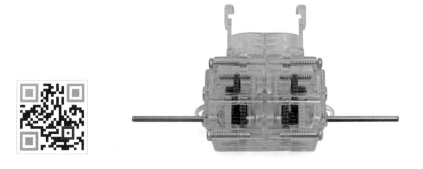

순서 ⑤에서는 기어 케이스에 모터를 답니다(그림 4.3.10, 그림 4.3.11).

그림 4.3.10 기어 케이스와 모터

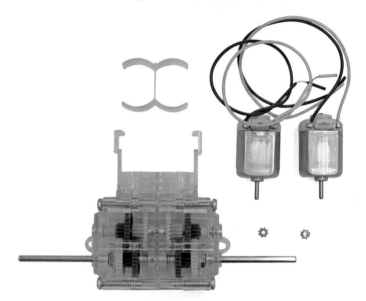

그림 4.3.11 기어 케이스에 모터를 장착

그 다음엔 샷시에 기어 케이스를 답니다(그림 4.3.12, 그림 4.3.13).

그림 4.3.12 기어 케이스와 샷시

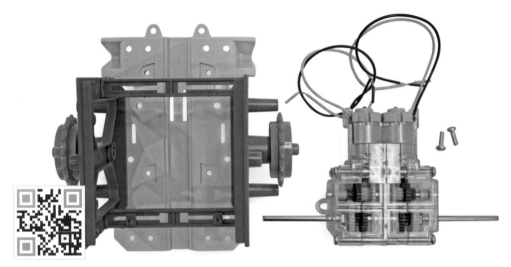

그림 4.3.13 샷시에 기어 케이스를 장착

순서 ⑥~⑧은 프로그램 바에 관련된 부분이기 때문에 건너뜁니다.

순서 ⑨에서 샷시에 휠을 장착해 줍니다(그림 4.3.14, 그림 4.3.15).

그림 4.3.14 샷시와 휠 부품

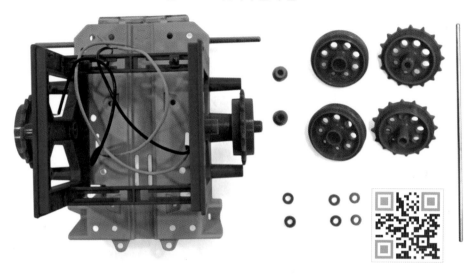

그림 4.3.15 샷시에 휠을 장착

순서 ⑩에서 샷시에 궤도를 답니다(그림 4.3.16, 그림 4.3.17). 조립 설명서에는 프런트 패널도 장착한다고 되어 있지만, 여기서는 아직 장착하지 말아 주세요.

그림 4.3.16 샷시와 궤도

그림 4.3.17 궤도의 장착

순서 ⑪에서 암(arm)을 조립합니다(그림 4.3.18, 그림 4.3.19).

그림 4.3.18 암의 부품

그림 4.3.19 완성된 암

순서 ⑫에서 샷시에 사이드 패널을 설치합니다(그림 4.3.20, 그림 4.3.21).

그림 4.3.20 샷시와 사이드 패널

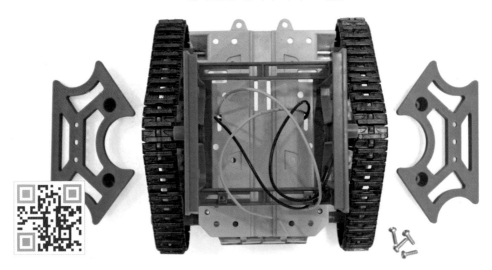

그림 4.3.21 사이드 패널 장착 모습

다음으로는 암을 부착합니다(그림 4.3.22, 그림 4.3.23).

그림 4.3.22 샷시와 암

그림 4.3.23 암의 부착

조립 설명서의 차례대로 조립하는 것은 여기까지입니다. 그다음엔 프런트 패널에 커넥터 변환 기판을 답니다. 조립할 시에는 합성수지 타입의 나사가 포함된 스페이서를 사용합니다(그림 4.3.24, 그림 4.3.25).

그림 4.3.24 프런트 패널과 커넥터 변환 기판

그림 4.3.25 프런트 패널에 커넥터 변환 기판을 장착

여기서 일단 캠 프로그램 로봇은 제쳐두고, 브레드보드상에 모터 드라이버 IC 모듈과 건전지 박스(AA형 건전지 × 2개 유형)를 배선합니다.

micro:bit, 모터 드라이버 IC 모듈, 건전지 박스의 배선은 그림 4.3.1과 같습니다.

그림 4.3.26 micro:bit, 모터 드라이버 IC 모듈의 배선

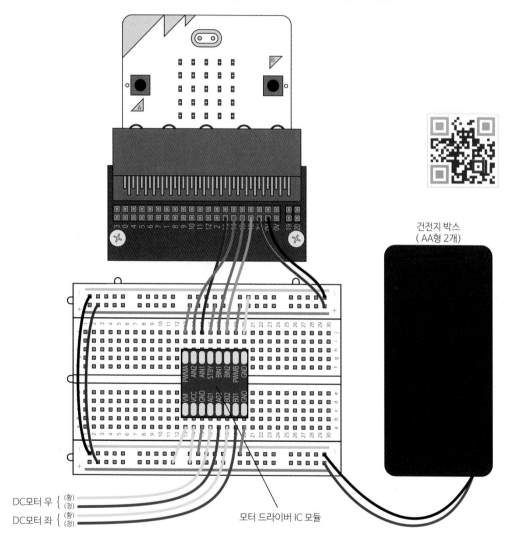

micro:bit는 프런트 패널에 장착된 상태로 배선해 주십시오.

그다음, 캠 프로그램 로봇의 DC 모터와 배선을 행합니다. 브레드보드를 캠 프로그램 로봇의 샷시에 얹어 좌우의 DC 모터의 전선을 모터 드라이브 IC 모듈에 접속합니다(그림 4.3.27). 오른쪽 DC 모터를 A를 붙이는 단자에, 왼쪽 DC 모터를 B를 붙이는 단자에 연결합니다. 모터의 전선은 피복을 벗겨서 안쪽의 선들을 잘 꼰 후에 브레드보드에 넣어 주세요.

그림 4.3.27 브레드보드와 DC 모터의 배선

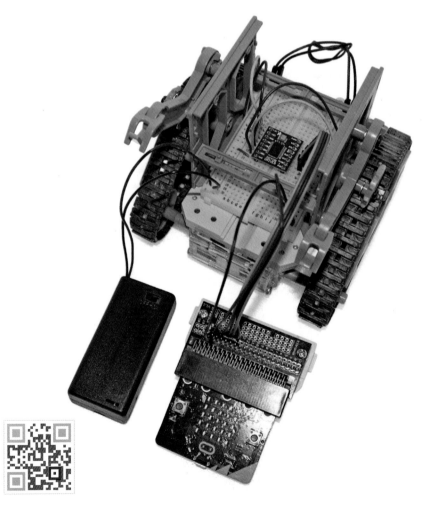

배선이 끝났다면, 사이드 프레임 서포트를 아래로 밀어 브레드보드를 고정합니다(그림 4.3.28).

그림 4.3.28 사이드 프레임 서포트를 아래로 밀기

건전지 박스를 브레드보드의 위에 얹습니다(그림 4.3.29). 이때 건전지 박스에 AA 형 건전지를 2개 넣어 두는 것을 잊지 맙시다. 또한, 건전지 박스의 전원 스위치는 OFF로 해 두세요.

그림 4.3.29 건전지 박스 얹기

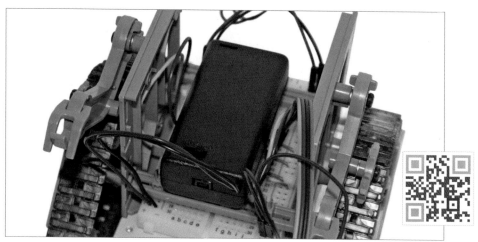

사이드 프레임의 사이에 프런트 패널을 장착합니다(그림 4.3.30).

그림 4.3.30 프런트 패널 장착

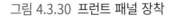

마지막으로 루우프를 장착합니다(그림 4.3.31).

그림 4.3.31 루우프 장착

이것으로 캠 프로그램 로봇 완성입니다.

4.4 캠 프로그램 로봇을 제어하는 프로그램

캠 프로그램 로봇의 조립이 끝났다면, 캠 프로그램 로봇을 제어하는 프로그램을 작성해 봅시다. '3.9 micro:bit 연동하기'에서 작성한 ':MOVE mini'의 무선 제어 프로그램을 캠 프로그램 로봇 버전으로 다시 작성하겠습니다.

캠 프로그램 로봇 측의 micro:bit에 쓰여진 프로그램은 그림 4.4.1과 같습니다.

그림 4.4.1 캠 프로그램 로봇 프로그램

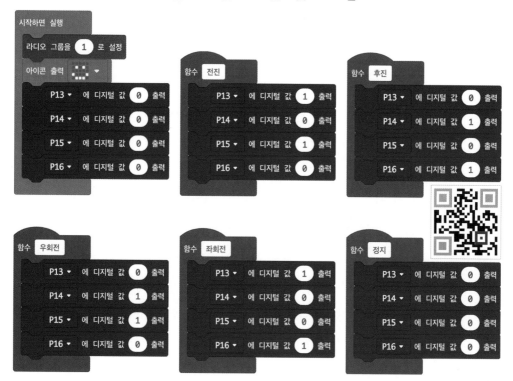

프로그램의 구조는 그림 3.9.4의 프로그램과 동일합니다. 그림 3.9.4의 프로그램과 다른 점은 각 함수의 처리에서, 모터에 대해서 출력하는 제어 신호를 DC 모터에 맞추어 변경하고 있습니다.

또 [시작하면 실행](on start) 블록에서는 [~에 디지털 값 ~ 출력](digital write pin ~ to ~) 블록으로 DC 모터를 정지 상태로 하는 신호를 출력하고 있습니다. [라디오 수신하면 실행: ~](on radio received ~) 블록 내의 [문자열 출력](show string ~) 블록은 삭제되어 있습니다.

다른 한 대의 micro:bit에는 :MOVE mini의 컨트롤러와 동일한 프로그램(그림 3.9.3)을 저장합니다. ':MOVE mini' 때와 같은 방법으로 캠 프로그램 로봇을 무선으로 조종할 수 있습니다.

캠 프로그램 로봇의 건전지 박스 전원을 켜고(on) 컨트롤러 프로그램을 저장한 micro:bit를 조작하면, 캠 프로그램 로봇을 움직일 수 있습니다.

4.5 장애물을 피하는 로봇

앞 절에서는 캠 프로그램 로봇을 컨트롤러로 조작할 수 있도록 했습니다. 다음은 초음파 센서를 달아 전방에 장애물이 있을 때에 피하도록 해 봅시다.

본 절에서 추가로 필요한 부품을 표 4.5.1에 나타내 보겠습니다.

표 4.5.1 **본 절에서 추가할 부품**

부품 이름	품번 / 규격	제조사	수량
초음파 센서 모듈★	US-100	–	1
미니 브레드보드★	45 X 34.5mm	–	1
점프 와이어★	암-수 타입 150mm*	–	4

* 제3장에서 사용하는 'BBC micro:bit용 프로토타이핑 세트'에 부속되어 있는 것으로도 괜찮습니다.

★ 마이크로비트 기본세트(㈜제이케이이이엠씨) 구성에 포함되어 있습니다.

전방에 있는 장애물을 감지하는 데는 US-100 초음파 센서 모듈을 사용합니다(그림 4.5.1).

그림 4.5.1 초음파 센서 모듈

이 초음파 센서 모듈은 초음파의 반사 신호를 출력하는 모드와 시리얼 통신으로 데이터를 출력하는 모드가 있습니다. 여기에서는 초음파의 반사 신호를 그대로 사용하기 때문에 모듈의 뒷면에 있는 점퍼 핀을 제거해 둡니다(그림 4.5.2).

그림 4.5.2 점퍼 핀을 제거한 모습

이 초음파 센서 모듈의 핀 할당은 표 4.5.2에 나타난 것과 같습니다.

표 4.5.2 **초음파 센서 모듈의 핀 할당**

핀 번호	신호명	기능
1	V_{cc}	전원 핀
2	Trig	트리거 신호 입력
3	Echo	반사 신호 출력
4	GND	그라운드 핀
5	GND	그라운드 핀

캠 프로그램 로봇에 초음파 센서를 탑재하기 위해 소형 브레드보드를 추가합니다(그림 4.5.3).

그림 4.5.3 소형 브레드보드

micro:bit와 초음파 센서 모듈과의 연결은 이 브레드보드상에서 실시합니다. 점 프와이어의 연결은 그림 4.5.4와 같습니다.

그림 4.5.4 micro∶bit와 초음파 센서 모듈의 연결

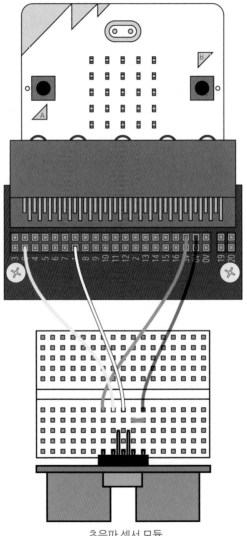

초음파 센서 모듈

이 소형 브레드보드의 뒷면은 양면테이프로 되어 있으므로 박리지를 벗긴 다음, 완성된 캠 프로그램 로봇의 앞부분에 붙입니다(그림 4.5.5).

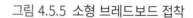

그림 4.5.5 소형 브레드보드 접착

이것으로 초음파 센서 모듈의 장착은 끝입니다.

다음으로, 초음파 센서 모듈을 통해 앞쪽 장애물을 탐지해 피할 수 있는 프로그램을 앞 절에서 작성한 프로그램에 추가합니다.

MakeCode에서 초음파 센서를 이용하려면 패키지를 추가해야 합니다. 패키지를 추가하려면 MakeCode의 [[고급]] 카테고리의 제일 아래에 있는 [[확장]]을 클릭합니다(그림 4.5.6).

그림 4.5.6 [[확장]]을 클릭

그러면 그림 4.5.7과 같은 화면이 표시될 것입니다.

그림 4.5.7 확장 기능

검색 박스에 'sonar'라고 입력해 검색합니다(그림 4.5.8).

그림 4.5.8 'sonar'로 검색

'sonar'를 클릭하면 초음파 센서용 확장 기능이 설치됩니다. 확장 기능의 설치가 끝나면, MakeCode로 초음파 센서의 카테고리가 추가되어 있는 것을 확인합니다 (그림 4.5.9).

그림 4.5.9 [[Sonar]] 카테고리 추가

[[Sonar]] 카테고리의 블록을 사용하여 초음파 센서의 프로그램을 추가합니다. 프로그램은 그림 4.5.10과 같습니다.

프로그램에 추가된 처리는 다음과 같습니다.

[라디오 수신하면 실행: ~] 블록 중에서 [ping] 블록을 사용하여 초음파 센서에서 사용하는 단자를 설정해 장애물까지의 거리를 측정합니다. [만약(if) ~ 이면 (then) 실행] 블록의 조건 분기를 추가하고 거리가 0cm보다 크고 5cm보다 작은 경우에는 장애물을 피하는 동작(1초간 후진 후 1초간 오른쪽으로 돌기)을 행하는 것으로 합니다. '0cm보다 크게'라고 지정하는 것은 장애물이 없을 때에는 변수 '거리'의 값이 '0cm'가 되기 때문입니다. 장애물이 없을 때는 컨트롤러로부터의 지시에 따라 움직입니다.

초음파 센서를 추가된 프로그램을 캠 프로그램 로봇 측의 micro:bit에 저장합니다.

그림 4.5.10 초음파 센서를 추가한 프로그램

```
함수 우회전
    P13 ▼  에 디지털 값  0  출력
    P14 ▼  에 디지털 값  1  출력
    P15 ▼  에 디지털 값  1  출력
    P16 ▼  에 디지털 값  0  출력
```

```
함수 좌회전
    P13 ▼  에 디지털 값  1  출력
    P14 ▼  에 디지털 값  0  출력
    P15 ▼  에 디지털 값  0  출력
    P16 ▼  에 디지털 값  1  출력
```

```
함수 정지
    P13 ▼  에 디지털 값  0  출력
    P14 ▼  에 디지털 값  0  출력
    P15 ▼  에 디지털 값  0  출력
    P16 ▼  에 디지털 값  0  출력
```

```
라디오 수신하면 실행: receivedString ▼
    거리 ▼  에    ping trig  P0 ▼
                echo  P1 ▼         저장
                unit  cm ▼
    만약(if)  receivedString ▼  = ▼  " S "  이면(then) 실행
        함수 호출 정지 ▼
    아니면서 만약(else if)  거리 ▼  > ▼  0   그리고(and)   거리 ▼  < ▼  5   이면(then) 실행  ⊖
        함수 호출 후진 ▼
        일시중지  1000  (ms)
        함수 호출 우회전 ▼
        일시중지  1000  (ms)
    아니면서 만약(else if)  receivedString ▼  = ▼  " F "  이면(then) 실행  ⊖
        함수 호출 전진 ▼
    아니면서 만약(else if)  receivedString ▼  = ▼  " B "  이면(then) 실행  ⊖
        함수 호출 후진 ▼
    아니면서 만약(else if)  receivedString ▼  = ▼  " R "  이면(then) 실행  ⊖
        함수 호출 우회전 ▼
    아니면서 만약(else if)  receivedString ▼  = ▼  " L "  이면(then) 실행  ⊖
        함수 호출 좌회전 ▼
    ⊕
```

프로그램이 설치되었으면 실제로 동작하는지 확인하여 봅시다.

그림 4.5.11 캠 로봇 동작 확인

부록

A.1 :MOVE mini 만드는 방법

:MOVE mini는 영국의 kitronik사에서 판매하고 있는 micro:bit의 로봇 키트입니다[1](그림 A.1.1).

그림 A.1.1 :MOVE mini

동력으로는 소형의 회전 서보 모터를 사용하고 있습니다. 이 때문에 복잡한 기어 박스의 조립이 필요 없고 손쉽게 조립할 수 있습니다. 서보 모터 외에도 full color LED를 5개 탑재하고 있습니다.

:MOVE mini의 조립은 매뉴얼의 순서대로 따라서 하면 됩니다.

---

1) https://www.kitronik.co.uk/5624-move-mini-buggy-kit-excl-microbit.html

(1) SERVO:LITE 기판에 micro:bit를 설치하기

처음으로 SERVO:LITE 기판에 micro:bit를 설치합니다. 그림 A.1.2의 부품을 사용합니다.

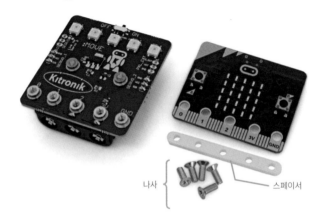

그림 A.1.2 SERVO:LITE 기판과 micro:bit

나사   스페이서

그림 A.1.3과 같이 SERVO:LITE 기판과 micro:bit의 사이에 스페이서를 끼우고 5개의 나사로 고정시킵니다.

그림 A.1.3 SERVO:LITE 기판에 micro:bit 고정

스페이서를 끼움

(2) 휠의 조립

그림 A.1.4의 서보 모터에 휠을 장착합니다.

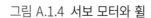

그림 A.1.4 서보 모터와 휠

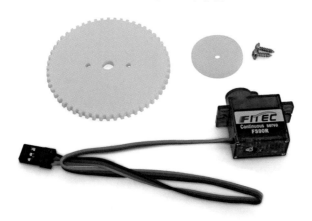

서보 모터의 축에 원형의 서보 혼(servo horn)을 장착하고, 서보 혼에 휠을 장착
합니다(그림 A.1.5).

그림 A.1.5 휠의 장착

이것을 2개 만듭니다(그림 A.1.6).

그림 A.1.6 2개 만듦

(3) 서보 모터의 동작 테스트와 조정

여기에서 서보 모터의 동작 테스트와 조정을 시행합니다. SERVO:LITE 기판에 2개의 서보 모터를 장착합니다. 서보 모터의 커넥터는 갈색의 전선이 기판의 상측에 오도록 꽂습니다(그림 A.1.7).

그림 A.1.7 SERVO:LITE 기판에 서보 모터를 장착

micro:bit에 동작 테스트용 프로그램을 써넣습니다. 동작 테스트 프로그램은 그림 A.1.8과 같습니다.

그림 A.1.8 동작 테스트 프로그램

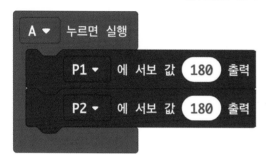
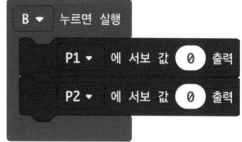

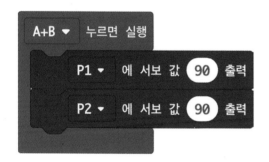

프로그램을 써넣었으면 버튼을 눌러서 서보 모터가 회전하는지를 확인합니다. 버튼 A와 B를 동시에 누르면 정지합니다. 이때 정지하지 않고 천천히 회전하는 경우는 서보 모터의 조정을 시행합니다. 정지하고 있으면 조정은 필요가 없습니다.

서보 모터의 조정은 서보 모터의 밑면에 있는 조정용 볼륨을 돌려서 시행합니다. 이 볼륨을 돌릴 때에는 작은 플러스 드라이버가 필요합니다. 서보 모터가 완전히 정지하는 위치에 볼륨을 맞춰 주세요(그림 A.1.9).

그림 A.1.9 서보 모터의 볼륨

(4) 샷시의 조립

서보 모터의 조정이 끝나면 샷시를 조립합니다. 일단 SERVO:LITE 기판에서 서보 모터를 빼내고 휠도 서보 모터에서 빼둡니다.

샷시의 조립에 사용하는 부품은 그림 A.1.10과 같습니다.

그림 A.1.10 샷시의 부품

베이스 플레이트

측면 부품

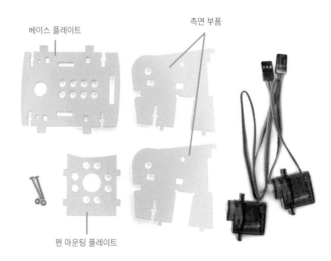

펜 마운팅 플레이트

베이스 플레이트에 서보 모터를 끼워 넣고 측면 부품을 베이스 플레이트에 끼웁니다. 그리고 측면 부품의 사이에 펜 마운팅 플레이트를 끼워 넣습니다(그림 A.1.11).

그림 A.1.11 샷시의 조립

측면 부품은 베이스 플레이트의 뒤에서 나사로 고정시킵니다(그림 A.1.12).

그림 A.1.12 측면 부품을 나사로 고정

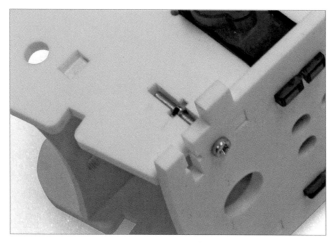

(5) 아우터 패널의 장착

다음에는 그림 A.1.13의 그린 패널과 아우터 패널을 장착합니다.

그림 A.1.13 그린 패널과 아우터 패널

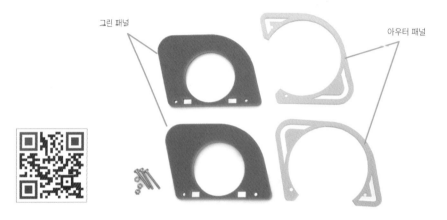

베이스 플레이트의 양측면에 그린 패널과 아우터 패널을 장착합니다(그림 A.1.14).

그림 A.1.14 그린 패널과 아우터 패널을 장착

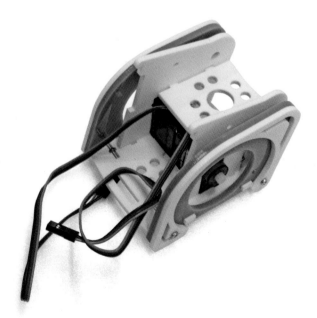

그린 패널과 아우터 패널은 베이스 플레이트에 나사로 고정시킵니다(그림 A.1.15).

그림 A.1.15 그린 패널과 아우터 패널을 나사로 고정

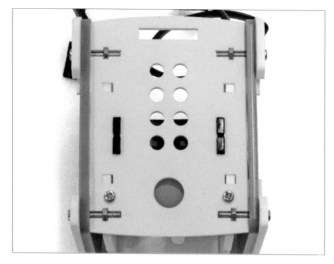

(6) 휠의 장착

서보 모터에서 빼낸 휠을 다시 장착합니다(그림 A.1.16).

그림 A.1.16 휠의 장착

(7) SERVO:LITE 기판의 장착

SERVO:LITE 기판을 베이스 플레이트에 장착합니다(그림 A.1.17). 이때 서보 모터의 케이블을 SERVO:LITE 기판에 꽂아 둡니다.

그림 A.1.17 SERVO:LITE 기판의 장착

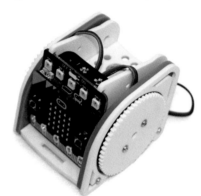

(8) :MOVE 플레이트의 장착

마지막으로 :MOVE 플레이트를 장착하여 완성합니다(그림 A.1.18).

그림 A.1.18 :MOVE mini 완성

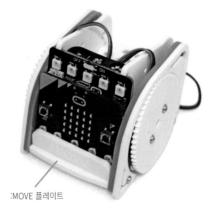

:MOVE 플레이트

서보 모터의 케이블은 펜 마운팅 플레이트의 아래쪽 빈 공간에 수납하여 둡니다
(그림 A.1.19).

그림 A.1.19 서보 모터의 케이블 수납

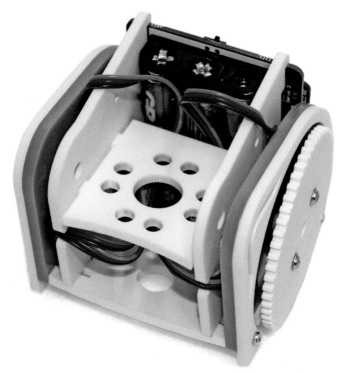

A.2 펌웨어를 써넣는 방법

micro:bit의 펌웨어는 매일매일 업그레이드되고 업데이트되고 있습니다. 여기에서는 펌웨어를 업데이트하는 방법에 대해 소개합니다.

(1) 펌웨어의 다운로드

최신의 펌웨어는 다음 사이트에 공개되어 있습니다.

https://github.com/ARMmbed/DAPLink/releases

PC에서 이 URL에 접근하면 그림 A.2.1의 화면이 표시됩니다.

그림 A.2.1 펌웨어의 다운로드

이 페이지의 025x_release_pakage_xxxxxxxx.zip(x는 버전에 따라 다릅니다) 파일을 임의의 폴더에 다운로드합니다.

(2) 펌웨어의 파일

다운로드된 파일을 임의의 폴더에서 압축을 풉니다. 압축을 풀면 많은 파일이 나옵니다. 이 중에서 0251_kl26z_microbit_0x8000.hex라는 파일이 micro:bit의 펌웨어입니다(그림 A.2.2).

그림 A.2.2 펌웨어 압축을 푼 후의 폴더

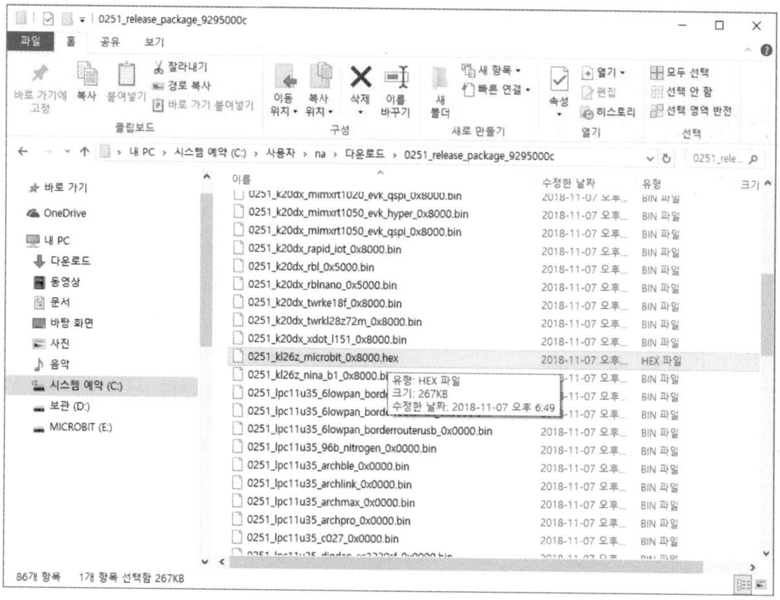

(3) micro:bit를 maintenance 모드로 한다.

micro:bit에 펌웨어를 써넣기 위해서는 micro:bit를 maintenance 모드에서 기동할 필요가 있습니다. micro:bit의 리셋 스위치를 누르면서 USB 케이블로 PC와 연결하면 micro:bit는 maintenance 모드로 기동합니다. maintenance 모드에서 micro:bit는 드라이브명이 MAINTENANCE로 됩니다(그림 A.2.3).

그림 A.2.3 maintenance 모드

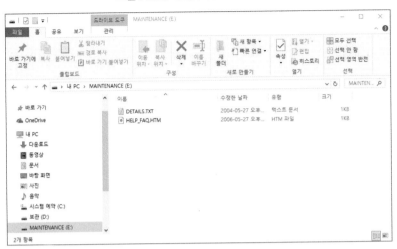

(4) 펌웨어 써넣기

방금 전에 다운로드된 펌웨어 파일을 maintenance 모드의 micro:bit에 드래그&드롭 하여 써넣기를 합니다. 써넣기가 끝나면 micro:bit가 재가동하고 드라이브명이 MICROBIT로 됩니다.

(5) 펌웨어의 버전 확인

펌웨어가 올바르게 써넣어졌는지를 확인하려면 micro:bit의 폴더 내에 있는 DETAILS.TXT를 더블 클릭하여 파일을 엽니다.

이 파일 중에 Interface Version이라고 쓰여 있는 항목이 micro:bit에 써넣어진 펌웨어의 버전입니다. 다운로드된 펌웨어의 버전은 파일명의 선두 4자리의 번호입니다. 이들의 번호가 똑같게 되어 있는 것을 확인해 주세요(그림 A.2.4).

그림 A.2.4 DETAILS.TXT

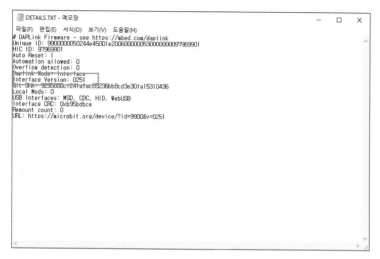

A.3 스마트폰으로 프로그래밍

micro:bit는 스마트폰에서 작성한 프로그램을 블루투스를 사용하여 써넣고, 실행할 수 있습니다. 여기에서는 이 방법을 설명하겠습니다. 또한, 여기서 소개하는 화면은 안드로이드에서의 조작입니다만, 아이폰, 아이패드에서의 조작도 거의 같습니다. 여기에서 사용하는 앱은 Android 4.4 이후, iOS 8.2 이후에 대응하고 있습니다.

(1) 앱의 설치

먼저 앱 micro:bit를 설치합니다. 안드로이드라면 Google Play Store에서, 아이폰, 아이패드라면 App Store에서 micro:bit를 검색하여 앱을 설치하여 주세요(그림 A.3.1)

그림 A.3.1 Google Play Store의 micro:bit 앱의 화면

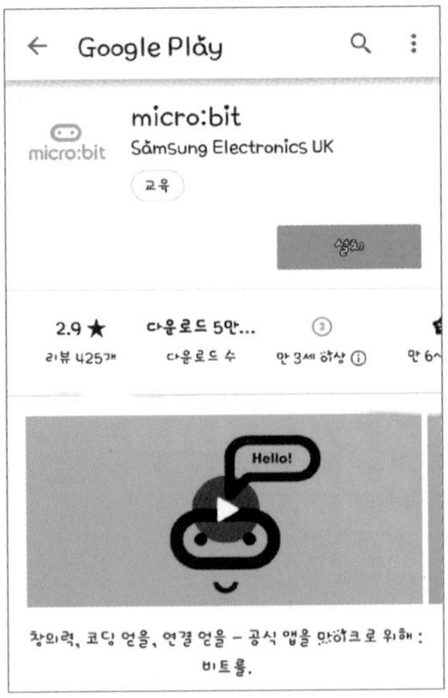

(2) 페어링

    스마트폰과 micro:bit 사이에서 블루투스에 의한 무선통신을 페어링 할 필요가 있습니다. 페어링에는 먼저 스마트폰의 설정 앱에서 블루투스 기능을 ON으로 합니다(그림 A.3.2).

그림 A.3.2 블루투스 기능을 ON으로 한다.

스마트폰에 설치된 micro:bit 앱을 기동하고 Connect → PAIR A NEW micro:bit
를 탭 합니다(그림 A.3.3).

그림 A.3.3 페어링의 수순

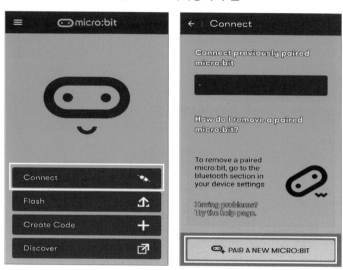

스마트폰 화면에 micro:bit를 페어링 모드로 하는 방법이 표시됩니다(그림 A.3.4).

그림 A.3.4 micro:bit를 페어링 모드로 하는 방법

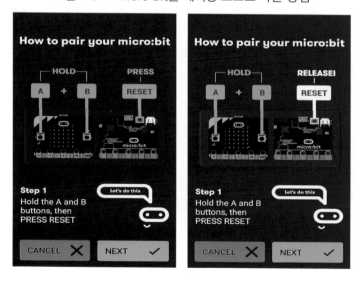

micro:bit에 전원을 꼽고 스마트폰에 표시된 지시에 따라 조작합니다. 버튼 A와 B를 누르고 있는 상태에서 뒷면의 리셋 버튼을 누릅니다. 리셋 버튼에서 손을 떼고 micro:bit의 LED에 'PARING MODE!'의 표시가 나올 때까지 버튼 A와 B는 누르고 있는 채로 하십시오.

micro:bit가 페어링 모드가 되면 스마트폰 화면의 NEXT를 탭 합니다. 페어링 모드가 된 micro:bit의 LED에는 페어링용의 패턴이 표시되고(그림 A.3.5), 스마트폰에는 패턴을 입력하는 화면이 표시됩니다. micro:bit의 LED와 같은 패턴이 되도록 스마트폰의 화면상의 격자를 탭 하여 주세요(그림 A.3.6).

그림 A.3.5 패턴을 표시하고 있는 micro:bit

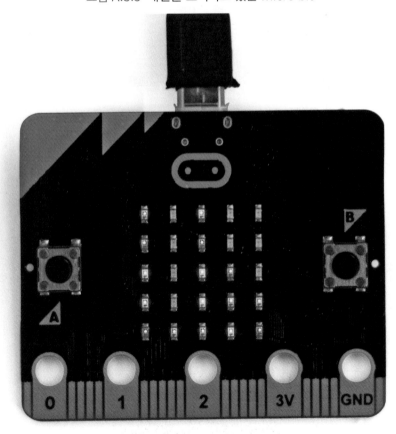

그림 A.3.6 패턴의 입력 화면

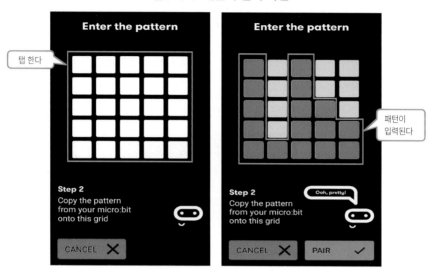

패턴이 입력되면 PAIR를 탭 합니다. micro:bit를 처음 페어링을 할 때는 A 버튼을 눌러 표시되는 PIN 번호(숫자 6개)를 입력합니다. 무사히 페어링이 끝나면 그림 A.3.7 의 화면이 표시되므로 OK를 탭 합니다. micro:bit에는 체크 마크가 표시됩니다.

그림 A.3.7 페어링 성공 화면

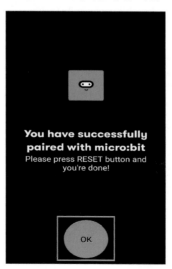

스마트폰이 Connect의 화면으로 돌아가고, micro:bit의 등록명이 표시됩니다. 한 번 페어링이 이루어지면 micro:bit는 등록명으로 스마트폰에 인식됩니다(그림 A.3.8).

그림 A.3.8 micro:bit의 등록명

(3) 프로그램의 작성

앱의 톱(top) 화면으로 돌아가서 Create Code를 탭 하여 주세요(그림 A.3.9).

그림 A.3.9 Create Code를 탭

브라우저가 기동하고 micro:bit의 페이지에 접근합니다[2](그림 A.3.10).

그림 A.3.10 micro:bit의 공식 페이지에 접근

JavaScript Blocks Editor라고 하는 목차의 아래의 Let's Code를 탭 하면, 프로그래밍의 화면이 표시됩니다(그림 A.3.11). 이 화면에서 PC일 때와 같은 조작으로 프로그램을 작성할 수 있습니다.

그림 A.3.11 프로그래밍 화면

---

2) 브라우저에 따라서는 조작이 완벽하게 되지 않는 것도 있습니다. 이 경우 안드로이드에서는 Google Chrome을, 아이폰과 아이패드에서는 Safari를 사용하는 것을 권장합니다.

이 페이지는 영어로 표시되어 있기 때문에 한국어로 표시되도록 설정을 변경합니다. 화면의 오른쪽 위의 톱니바퀴 아이콘을 탭 합니다. 그러면 그림 A.3.12과 같은 메뉴가 표시되므로 Language를 탭 합니다. 언어의 리스트가 표시되고 [[한국어]]를 선택합니다.

그림 A.3.12 한국어 표시로 바꿈

프로그램이 완성되었으면 톱니바퀴 아이콘을 탭하고, [[프로젝트 설정]]을 선택하면 프로젝트명을 변경하는 화면이 표시됩니다. 프로젝트명을 입력하고 [[파일 저장]]을 탭 하여 프로그램을 저장합니다(그림 A.3.13).

그림 A.3.13 프로그램의 저장

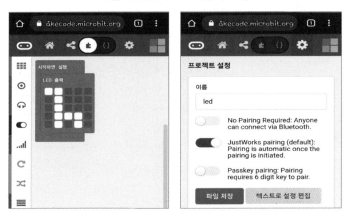

(4) 프로그램을 써넣기

micro:bit의 앱을 열고 화면 상단의 [[Flash]]를 탭 합니다.

화면의 오른쪽 위에 [[Not Connected XXX]](XXX는 페어링된 micro:bit의 등록명)로 표시되고 있는 경우는 앞에 설명한 방법으로 micro:bit를 페어링 모드로 하고, [[Not Connected XXX]]의 오른쪽에 있는 아이콘을 탭 하고 micro:bit와 연결합니다(그림 A.3.14).

이때 반드시 micro:bit를 먼저 페어링 모드로 해 주세요. 먼저 스마트폰으로 연결의 조작을 행하면 잘되지 않을 것입니다.

micro:bit를 페어링 모드로 하면 LED에 패턴이 표시됩니다만 스마트폰에 패턴을 다시 입력할 필요는 없습니다.

그림 A.3.14 Flash 화면

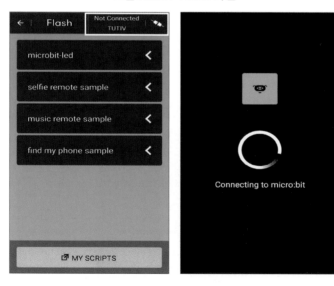

연결에 성공하면 오른쪽 위의 표시가 [[Connected to XXX]]로 바뀝니다. [[Flash]] 화면에서는 스마트폰에 저장되어 있는 프로그램의 이름이 표시되고 있기 때문에 micro:bit에 써넣을 프로그램을 선택하여 탭 합니다.

프로그램명의 아래에 [[Flash]]라는 파란색 아이콘이 나타나면 탭 하여 주세요(그림 A.3.15).

그림 A.3.15 FLASH를 탭

micro:bit에 프로그램을 써 넣을까라고 물으면 [[OK]]를 탭 하여 주세요(그림 A.3.16).

그림 A.3.16 프로그램 써 넣기의 확인 화면

써넣기가 시작되면 micro:bit의 LED가 켜집니다(켜지는 패턴에는 변화가 있으므로 특별히 의미는 없습니다).

프로그램을 써넣기 할 때 스마트폰에는 그림 A.3.17의 화면이 표시되고, 써넣기가 끝나면 그림 A.3.18의 화면으로 변화되므로 [[OK]]를 탭 합니다.

그림 A.3.17 프로그램을 써넣기 중의 화면

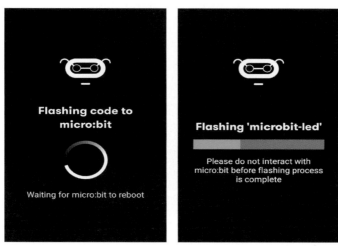

그림 A.3.18 써넣기 완료 화면

써넣기가 끝나면 micro:bit에서 프로그램이 실행됩니다. 스마트폰 측에서는 micro:bit와 다시 한번 연결할까 물어보면 [[CANCEL]]을 탭 합니다(그림 A.3.19).

그림 A.3.19 '재연결' 확인 화면

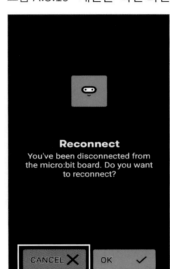

A.4 micro:bit의 계측 시간 정밀도

[일시중지](pause) 블록의 시간의 정밀도와 [무한반복 실행](forever) 블록의 주기를 오실로스코프로 계측해 보았습니다. 참고로서 소개합니다.

프로그램에서 디지털 신호의 '0'과 '1'을 P0 단자에 출력하고, 그것을 오실로스코프로 계측합니다.

(1) [무한반복 실행] 블록의 주기를 조정

[무한반복 실행] 블록에서 P0 단자에 '0'과 '1'을 번갈아가면서 출력하는 프로그램(그림 A.4.1)을 micro:bit로 실행합니다.

그림 A.4.1 '0'과 '1'을 번갈아가면서 출력하는 프로그램

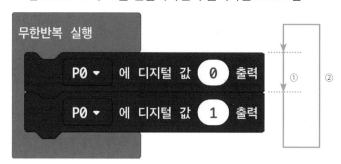

P0 단자의 전압의 변화를 오실로스코프로 측정한 결과는 그림 A.4.2와 같습니다. '1'이 출력되고 있는 시간은 약 24ms(밀리초), '0'이 출력되고 있는 시간은 약 5.6μs(마이크로초)이었습니다.

프로그램은 P0 단자에의 출력을 0으로 설정한 직후에 1로 설정하고 있기 때문에 '0'의 출력 시간(약 5.6μs)가 [~에 디지털 값 ~ 출력](digital write pin ~ to ~) 블록의 실행 시간이라고 생각됩니다. '1'의 출력 시간(약 24ms)은 [무한반복 실행] 블록의 주기가 됩니다(엄밀하게는 '1'의 출력 시간에서 [~에 디지털 값 ~ 출력] 블록의 실행 시간을 뺀 [24ms-5.6μs]).

그림 A.4.2 그림 A.4.1의 프로그램의 계측 결과

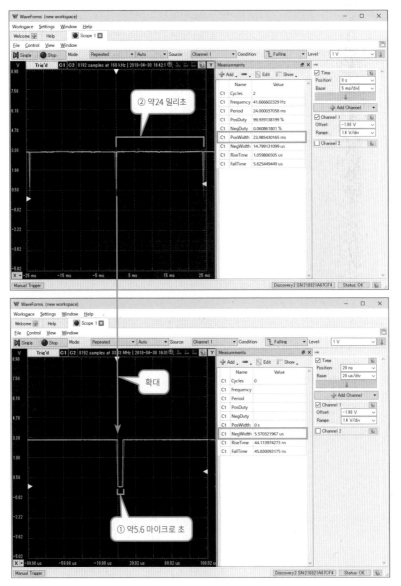

(2) [무한반복 실행] 블록에서 1ms의 [일시중지]

　다음으로 [무한반복 실행] 블록 중에 [일시중지](pause) 블록을 집어넣고 1ms마다 '1'과 '0'을 번갈아가면서 P0 단자에 출력하는 프로그램(그림 A.4.3)을 작성했습니다.

그림 A.4.3　1ms마다 '1'과 '0'을 번갈아가면서 P0 단자에 출력하는 프로그램

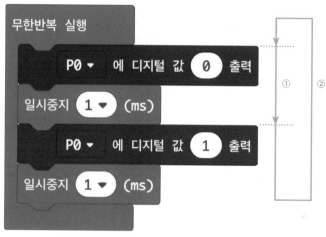

　이 프로그램을 micro:bit로 실행하여 오실로스코프로 계측한 결과는 그림 A.4.4와 같습니다. '1'이 출력되고 있는 시간은 30ms이고, '0'이 출력되고 있는 시간은 약 6ms입니다.

　'1'의 출력 시간의 내역은 [~에 디지털 값 ~ 출력] 블록(약 5.6μs) + [일시중지] 블록 (x 초) + [무한반복 실행] 블록(약 24ms)으로 되기 때문에 [일시중지] 블록에는 약 6ms 걸리고 있다고 생각되어집니다. 또한, '0'의 출력 시간은 [~에 디지털 값 ~ 출력] 블록(약 5.6μs) + [일시중지] 블록(x 초)이므로, 여기서도 [일시중지] 블록에 약 6ms 걸리고 있습니다.

그림 A.4.4 그림 A.4.3의 프로그램의 계측 결과

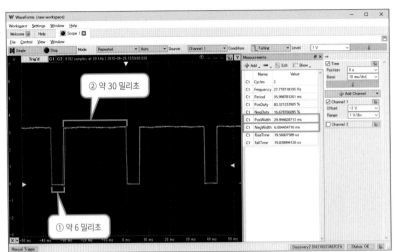

(3) [일시중지] 블록의 정밀도

[일시중지] 블록에 설정하는 시간을 서서히 길게 하여 계측을 반복하여 중지 시간의 정밀도의 변화를 살펴보았습니다.

그림 A.4.5는 [일시중지] 블록에 6ms를 설정한 프로그램입니다.

그림 A.4.5 6ms 중지 프로그램

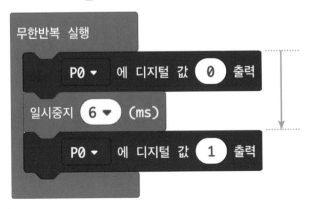

이 프로그램을 micro:bit로 실행하여 오실로스코프로 계측한 결과는 그림 A.4.6 과 같이 됩니다. [일시중지] 블록의 중지 시간을 6ms로 하면 실제의 중지 시간은 6ms의 경우와 8ms의 경우가 있어 안정해지지 않았습니다.

그림 A.4.6 중지 시간을 6ms로 설정했을 때의 계측 결과

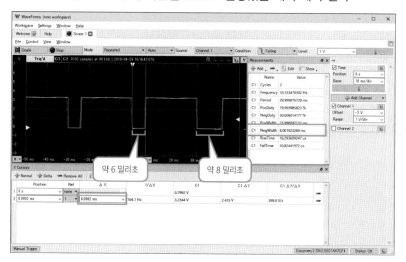

설정한 중지 시간을 조금씩 길게 하면 실제의 중지 시간은 40ms 정도의 안정된 파형이 나옵니다. 그러나 이 경우에도 중지 시간은 정확히 40ms가 아니고 42ms 정도로 되어 버립니다(그림 A.4.7).

100ms와 더욱더 길게 잡아도 2ms 정도 여분으로 길게 되는 것은 변함이 없는 것 같습니다.

그림 A.4.7 40ms로 설정했을 때의 계측 결과

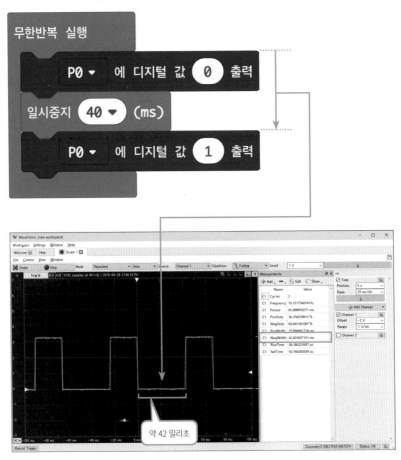

(4) [작동시간] 블록을 사용한 경우

이번에는 [일시중지] 블록이 아니고 [작동시간](running time) 블록을 사용하여 100ms마다 '1'과 '0'을 번갈아가면서 출력하는 프로그램을 작성하여 오실로스코프로 계측하여 보았습니다.

결과는 '1'과 '0' 모두 출력 시간이 120ms가 되고, 기대하는 값보다 20ms 정도 길게 되어 버렸습니다(그림 A.4.8).

그림 A.4.8 [작동시간] 블록을 사용할 때의 계측 결과

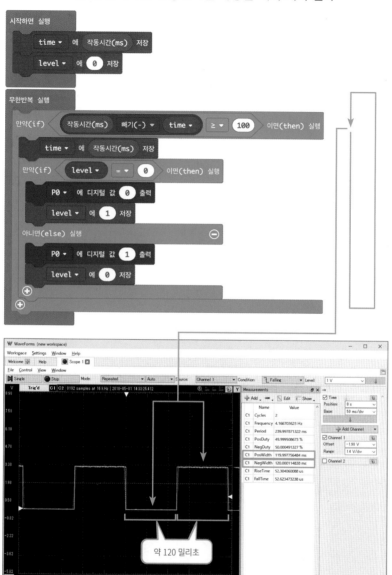

　　micro:bit에의 전력 공급은 USB와 건전지의 어느 쪽으로 하여도 신호의 타이밍은 변하지 않았습니다. 결론으로서는 micro:bit로 ms 단위의 정밀도를 실현하는 것은 어려워 보입니다. 초 단위의 시간을 대략으로 계측할 수 있으면 좋을 경우에는 현실적인 문제가 없어 보입니다.

A.5 :MOVE mini의 LED(Neopixel)

제3장에서는 취급하지 않았지만 ':MOVE mini'에는 5개의 full color LED가 탑재되어 있고 프로그램으로 자유로이 점멸시킬 수 있습니다. 이 LED는 Neopixel 이라고 부르며, 점멸을 제어하는 IC를 내장하여 시리얼 통신으로 데이터를 보내서 여러 가지 색으로 불을 켤 수 있습니다. 이 LED를 제어하는 데는 Makecode에 neopixel 패키지를 추가합니다. 패키지를 추가하는 데는 '4.5 장애물을 피하는 로봇'에서 설명한 것과 같이 Makecode의 [[고급]]의 맨 밑에 있는 [[확장]]를 클릭합니다. 그러면 '확장 프로그램'이라는 화면에 'neopixel' 패키지가 표시되므로 이것을 클릭합니다.

'neopixel' 패키지가 추가되면 그림 A.5.1과 같이 표시됩니다.

그림 A.5.1 neopixel 패키지의 추가

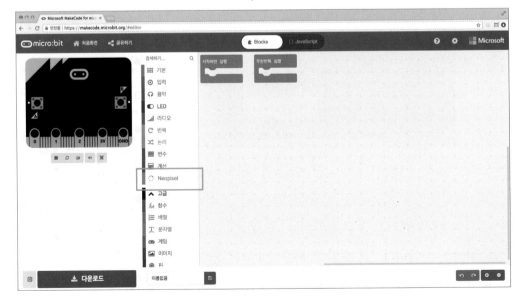

[Neopixel] 카테고리의 블록을 사용하여 :MOVE mini에 탑재되어 있는 5개의 LED 색을 바꿔가면서 불을 켜는 프로그램을 작성하겠습니다. 프로그램은 그림 A.5.2와 같이 됩니다.

그림 A.5.2 Neopixel 점등 프로그램

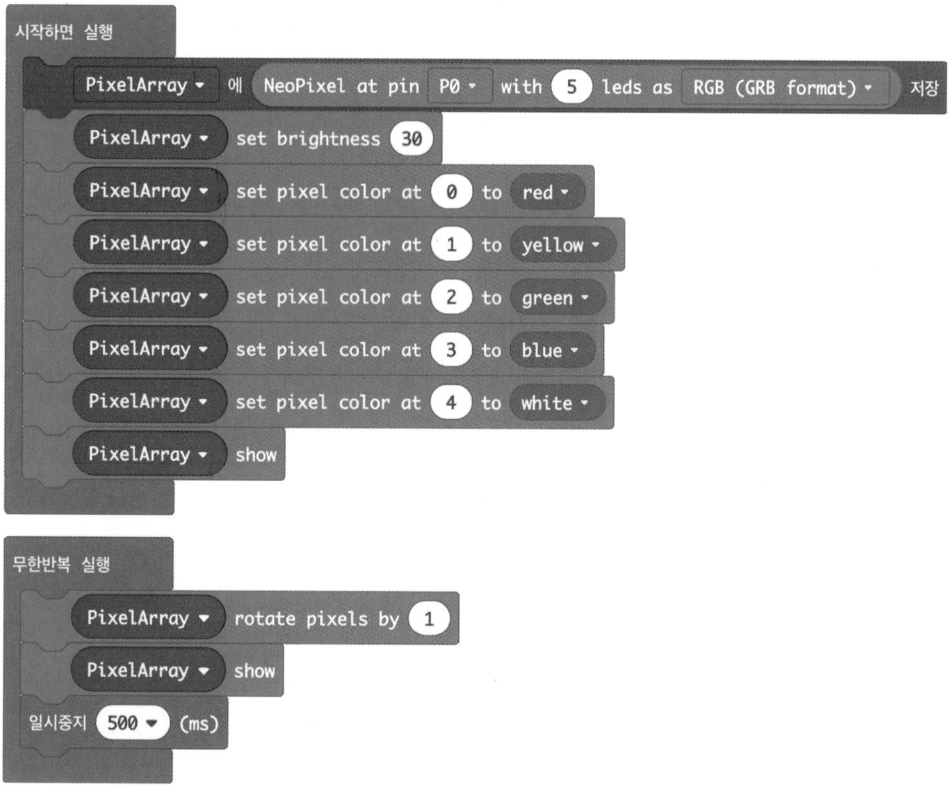

```
시작하면 실행
    PixelArray ▼  에  NeoPixel at pin  P0 ▼  with  5  leds as  RGB (GRB format) ▼  저장
    PixelArray ▼  set brightness  30
    PixelArray ▼  set pixel color at  0  to  red ▼
    PixelArray ▼  set pixel color at  1  to  yellow ▼
    PixelArray ▼  set pixel color at  2  to  green ▼
    PixelArray ▼  set pixel color at  3  to  blue ▼
    PixelArray ▼  set pixel color at  4  to  white ▼
    PixelArray ▼  show

무한반복 실행
    PixelArray ▼  rotate pixels by  1
    PixelArray ▼  show
    일시중지  500 ▼  (ms)
```

먼저 [시작화면 실행](on start) 블록 중에서 [NeoPixel pin LED] 블록을 사용하여 LED의 초기 설정을 합니다. :MOVE mini의 LED는 'P0' 단자에 연결되어 있으므로 'pin(단자)'에는 'P0'를 지정합니다. 탑재되어 있는 LED는 5개이므로 LED의 개수는 '5'로 설정합니다. '모드'의 부분은 LED의 스펙에 따라 설정합니다. 여기서는 'RGB(GRB format)'로 합니다.

[set brightness ~] 블록을 사용하여 LED의 밝기를 설정합니다. 0(꺼짐)에서 255(가장 밝음)까지의 값을 설정할 수 있습니다. 그러나 255는 너무 밝으므로 여기서는 30으로 하였습니다. 이 블록을 사용하지 않는 경우에는 LED 점등 시에 밝기는 255로 됩니다.

[set pixel color at ~ to ~ (~번째의 LED를 ~ 색으로 설정)] 블록을 사용하여 점등시키는 색을 설정합니다. 가장 왼쪽의 LED는 '0번째'가 되는 것에 주의하세요. 여기서는 0번째를 'red', 1번째는 'yellow', 2번째는 'green', 3번째는 'blue', 4번째는 'white'입니다.

[show(설정 색 점등)] 블록을 사용하여 설정한 색으로 LED를 점등시킵니다. 이 블록을 사용하면 처음으로 LED가 점등됩니다. 이 블록을 사용하지 않으면 LED가 점등되지 않으므로 주의해 주세요.

[무한반복 실행] 블록은 [rotate piexel by ~] 블록을 사용하여 LED에 점등시키는 색을 한 개씩 이동하게 됩니다.

[show(설정 점등)] 블록을 사용하여 설정한 색으로 LED를 점등시킵니다.

[일시중지] 블록으로 500ms 동안 중지합니다.

:MOVE mini에 장착한 micro:bit에 이 프로그램을 써넣으면 :MOVE mini의 LED가 점등됩니다.

이 절에 사용된 블록

❶ [NeoPixel at pin ~ with ~ led as ~] 블록

Neopixel LED의 초기 설정을 합니다. 'pin(단자)'에는 Neopixel LED를 연결한 단자, 'with ~ leds'에는 Neopixel LED의 수, '모드'에는 Neopixel LED의 동작 모드를 지정합니다. 동작 모드에는 'RGB(GRB format)', 'RGB+W', 'RGB(RGB format)'가 있습니다. 사용하는 Neopixel LED의 스펙에 맞추어 설정해 주세요(그림 A.5.3).

그림 A.5.3 [NeoPixel at pin ~ with ~ led as ~] 블록

❷ [set brightness ~] 블록

Neopixel LED의 밝기를 설정합니다. 밝기는 0(꺼짐)에서 255 (최대 밝기)의 범위로 설정합니다(그림 A.5.4).

그림 A.5.4 [set brightness] 블록

❸ [set pixel color at ~ to ~] 블록

'~ 번째'로 지정한 위치의 LED를 '~ 색'으로 지정한 색으로 점등합니다. 지정할 수 있는 색은 red, orange, yelllow, green, blue, indigo, violet, purple, white, black입니다(그림 A.5.5).

그림 A.5.5 [set pixel color at ~ to ~] 블록

❹ [show] 블록

이 블록을 실행하기까지의 설정된 상태로 LED를 점등합니다. [set pixel color at ~ to ~] 블록으로 만은 LED가 점등되지 않습니다. 이 블록을 실행하여 처음으로 LED가 점등되는 것에 주의해 주세요(그림 A.5.6).

그림 A.5.6 [show] 블록

❺ [rotate pixels by ~] 블록

LED가 점등되고 있는 위치를 [rotate pixels by ~]로 지정한 위치까지 이동
합니다. 스크롤된 부분은 최초의 위치로 돌아옵니다(그림 A.5.7).

그림 A.5.7 [rotate pixels by ~] 블록

변수 ▼   rotate pixels by   1

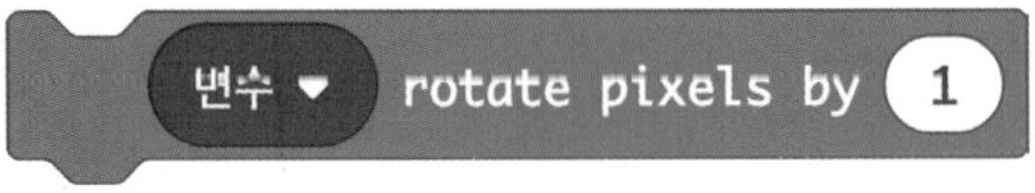

A.6 OLED 모듈

제3장에서는 I²C 인터페이스 연결의 LCD 모듈의 사용법에 대해 설명하였습니다.
LCD 모듈과 비슷한 디스플레이 모듈로 OLED(유기 EL 디스플레이) 모듈이 있습니다
(그림 A.6.1).

그림 A.6.1 OLED 모듈

이 OLED 모듈에서는 MakeCode의 패키지가 제공되기 때문에 제3장에서 소개한 LCD 모듈보다도 간단하게 문자를 표시할 수 있습니다.

이 OLED 모듈은 I²C 인터페이스로 연결할 수 있습니다. micro:bit의 연결은 그림 A.6.2와 같습니다.

그림 A.6.2 **OLED 모듈의 연결**

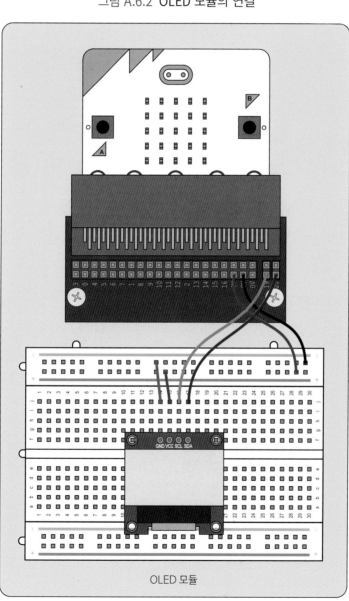

OLED 모듈

OLED 모듈의 프로그램을 작성하기 전에 OLED 모듈을 제어하기 위한 패키지를
추가할 필요가 있습니다. 패키지를 추가하기 위해서는 '4.5 장애물을 피하는 로봇'
에서 설명한 것과 같이 MakeCode의 [[고급]] 카테고리의 맨 아래에 있는 [[확장]]
을 클릭합니다. 계속해서 표시되는 '확장 프로그램' 화면에서 검색창에 'oled'라고
입력하여 검색합니다(그림 A.6.3).

그림 A.6.3 [oled]로 검색

검색 결과에 표시된 [[oled-ssd1306]]을 클릭하면 OLED 모듈용의 패키지가 설
치됩니다. 패키지의 설치가 끝나면 MakeCode에서 OLED 모듈의 블록이 추가되는
것을 확인할 수 있습니다(그림 A.6.4).

그림 A.6.4 [[OLED]] 카테고리의 추가

그러면 OLED 모듈에서 'Hello World'를 표시하는 프로그램을 작성해 보죠. 프로그램은 그림 A.6.5와 같습니다.

그림 A.6.5 'Hello World'를 표시하는 프로그램

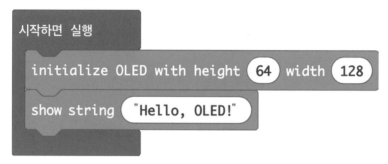

이 프로그램에서는 먼저 [시작하면 실행] 블록 중에서 [initialize OLED ~] 블록을 사용하여 OLED 모듈의 초기 설정을 시행하고 있습니다. 이번에 사용하는 OLED 모듈은 높이 64도트, 길이 128도트이므로 이들 값을 각각 height, width로 설정합니다. 다음으로 [show string] 블록을 사용하여 문자를 표시하고 있습니다.

프로그램을 micro:bit에 써넣기를 실행하면 OLED 모듈에 'Hello World'라고 표시됩니다.

이 절에 사용된 블록

❶ [initialize OLED with height ~ width ~] 블록

OLED 모듈을 초기화하는 블록입니다. 'height'에 OLED 모듈의 높이의 도트 수, 'width'에 길이의 도트 수를 지정합니다(그림 A.6.6).

그림 A.6.6 [initialize OLED with height ~ width ~] 블록

```
initialize OLED with height 64 width 128
```

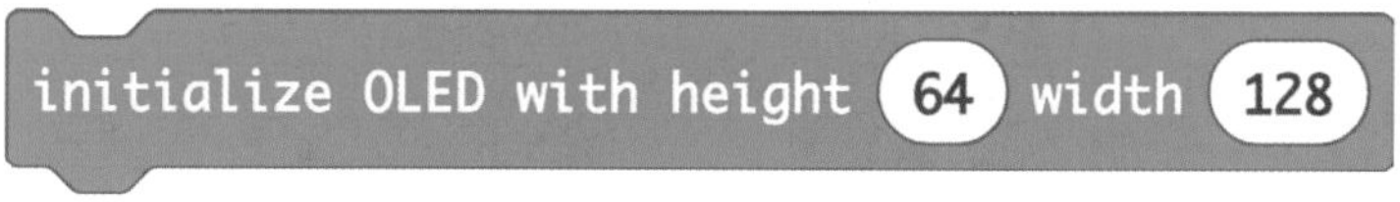

❷ [show string ~] 블록

OLED 모듈에 표시하는 문자열을 지정하는 블록입니다(그림 A.6.7).

그림 A.6.7 [show string ~] 블록

```
show string "Hello, OLED!"
```

A.7 파이썬 맛보기

micro:bit은 MakeCode 이외에도 JavaScript나 파이썬 등의 언어로 프로그래밍할 수 있습니다. 여기에서는 파이썬으로 프로그래밍하는 것에 대해 정말 조금만 소개합니다.

(1) MicroPython에 대해서

MicroPython은 micro:bit와 같은 작은 컴퓨터 시스템에서도 실행할 수 있도록 연구된 파이썬 표준 라이브러리의 소형 서브셋판(한정 기능판)입니다. MicroPython은 파이썬 언어를 실현하는 부분이므로 각각의 하드웨어를 제어하는 데는 별도로 모듈을 임포트할 필요가 있습니다. micro:bit를 동작시키는 프로그램을 작성하는 경우에는 'microbit'라는 모듈을 임포트하여 LED, 버튼, 각종 센서를 제어할 수 있게 됩니다.

MicroPython의 공식 마이크로컨트롤러 보드 'Pyboard'도 릴리즈되어 있습니다.

MicroPython의 공식페이지 http://micropython.org/

(2) micro:bit의 파이썬 개발 환경

파이썬 프로그래밍은 MakeCode와 같은 방법으로 브라우저에서 입력하는 방법과 'Mu'라는 에디터를 설치하여 사용하는 방법이 있습니다.

브라우저로부터 입력(그림 A.7.1)은 손쉽지만, 프로그램에 에러가 있어도 실제로 micro:bit에 써넣고 실행하기까지는 알 수 없습니다. 에러 메시지는 micro:bit의 LED에 스크롤로 표시되기 때문에 해독하기 어렵고 대강의 모양을 보면서 수정하면 됩니다.

그림 A.7.1 micro:bit 파이썬 에디터의 페이지

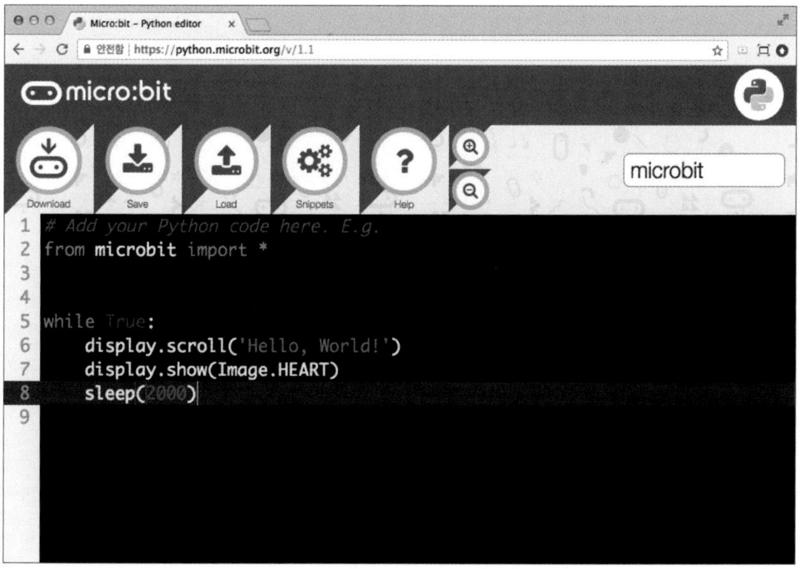

한편 에디터 'Mu'는 다운로드의 수고가 있는 만큼 체크 기능이 있고, 잘못된 부분이 있는 경우에 메시지를 PC의 화면상에 표시해주기 때문에 대단히 도움이 됩니다(그렇지만 완벽하게 에러를 체크해 주는 것은 아닙니다).

별도 드라이버를 설치하면 프로그램을 실행하면서 결과를 확인할 수 있는 '대화형 평가 환경(REPL: Read-eval-print loop)'을 사용할 수 있습니다. 이것은 PC가 micro:bit와 통신하면서 프로그램을 실행시키는 것으로 구현되어 있습니다. '대화형 평가 환경'에서는 긴 프로그램을 테스트하는 것이 조금 어렵기 때문에, micro:bit로 표시 상태를 테스트하거나 센서의 값을 조사하는 정도의 사용법이 좋다고 생각됩니다.

Mu의 다운로드 페이지 http://codewith.mu/#download

윈도우 환경에서 '대화형 평가 환경'을 이용할 때는 필요한 드라이버도 이 페이지에서 다운로드합니다. Mu는 다운로드한 파일 'mu-editor_1.x.x_win64.exe'를 더블 클릭해서 설치를 시작합니다.

'대화형 평가 환경'의 드라이버는 먼저 micro:bit를 PC에 연결하고 'mbedWin Serial-16466.exe'(집필 시의 명칭) 파일을 더블 클릭하여 설치합니다. 설치 시에는 그림 A.7.2의 메시지가 표시됩니다. 만일 설치가 실패한 경우에는 micro:bit의 USB 케이블을 한 번 빼 보세요.

그림 A.7.2 드라이버 설치의 메시지

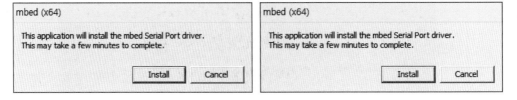

(3) 브라우저에서 프로그래밍

브라우저에서의 입력으로 프로그래밍을 행할 때는 먼저 다음의 URL에서 micro:bit Python editor의 페이지에 접근합니다.

https://python.microbit.org/v/1.1

최소한의 설정(라이브러리의 임포트)을 하고, 'Hello, World!'의 문자열을 표시하고, 하트의 아이콘을 2000ms 동안 표시하는 프로그램이 이미 써져 있습니다. 'While True:'의 중간에 프로그램을 작성합니다.

브라우저 에디터에서 사용할 수 있는 기능은 그림 A.7.3과 같습니다.

그림 A.7.3 브라우저에서 파이썬

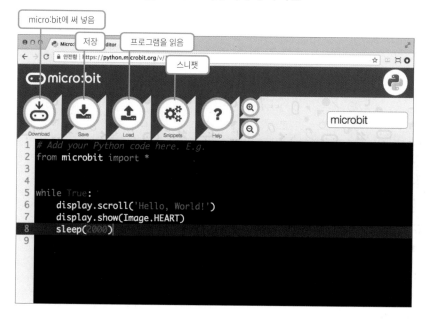

파이썬의 구문을 작성할 때는 톱니바퀴 아이콘의 [[Snippets]] 기능을 사용하면 편리합니다.

예를 들면 if 문을 쓰는 경우에는 [[Snippets]] 아이콘을 클릭하면 표시되는 리스트 중의 if를 선택합니다. 그러면 올바른 들여쓰기 'if condition:'의 구문이 자동적으로 입력됩니다(그림 A.7.4).

그 후에 'condition'에 조건을 입력하면 됩니다.

그림 A.7.4 [Snippets] 기능

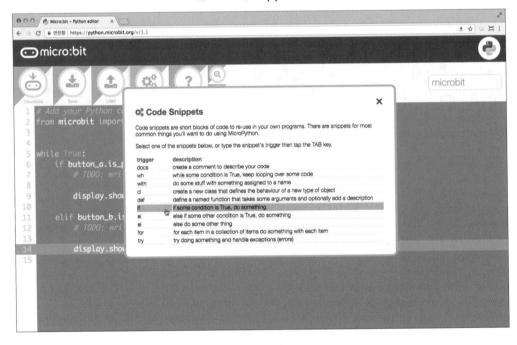

(4) 에디터 Mu로 프로그래밍

Mu의 기능은 그림 A.7.5와 같습니다. '대화형 평가 환경'(REPL)은 micro:bit가 연결된 상태에서 사용할 수 있습니다.

그림 A.7.5 Mu의 기능

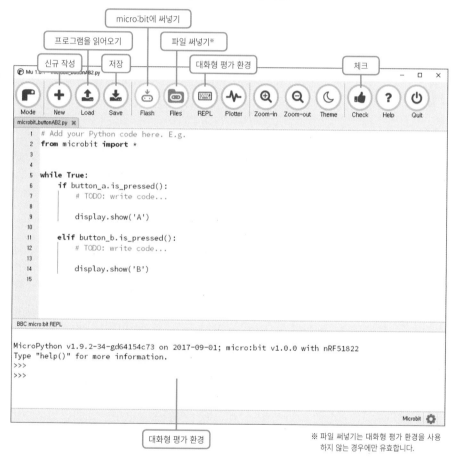

※ 파일 써넣기는 대화형 평가 환경을 사용하지 않는 경우에만 유효합니다.

Mu에는 유감스럽게도 [[Snippets]]와 같은 기능이 없습니다만, 예측 입력 기능을 사용하면 타이핑 양을 줄일 수 있습니다(그림 A.7.6).

그림 A.7.6 예측 입력기능

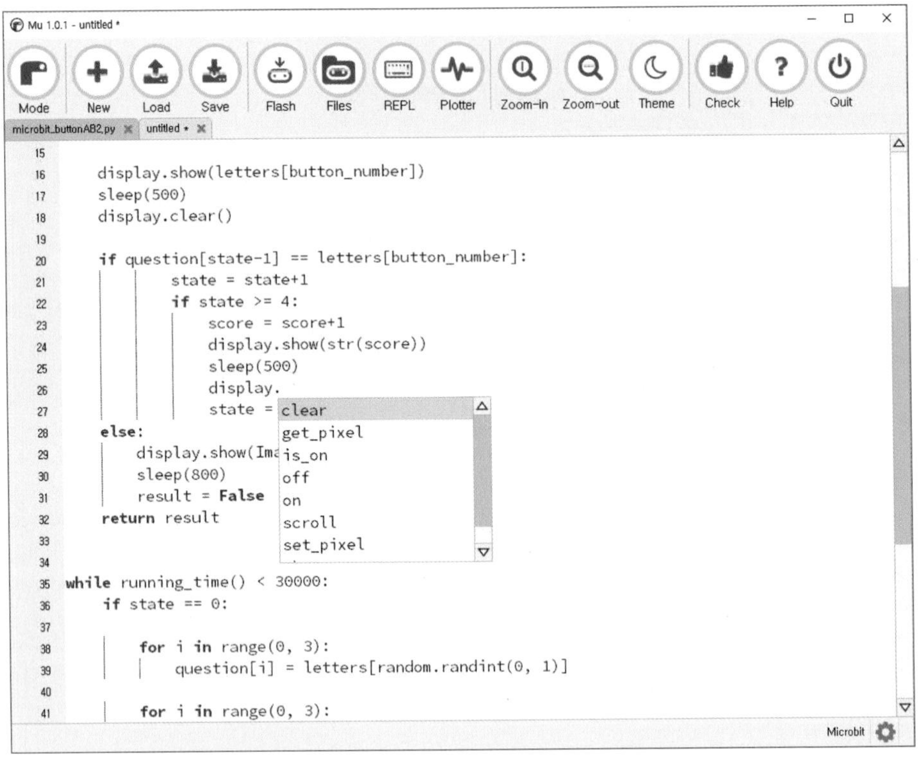

Mu에서 작성한 프로그램을 micro:bit에 써넣으면 그림 A.7.7의 아래에 'Copied code onto micro:bit'와 같은 메시지가 표시됩니다.

그림 A.7.7 micro:bit에 써넣기 할 때의 메시지

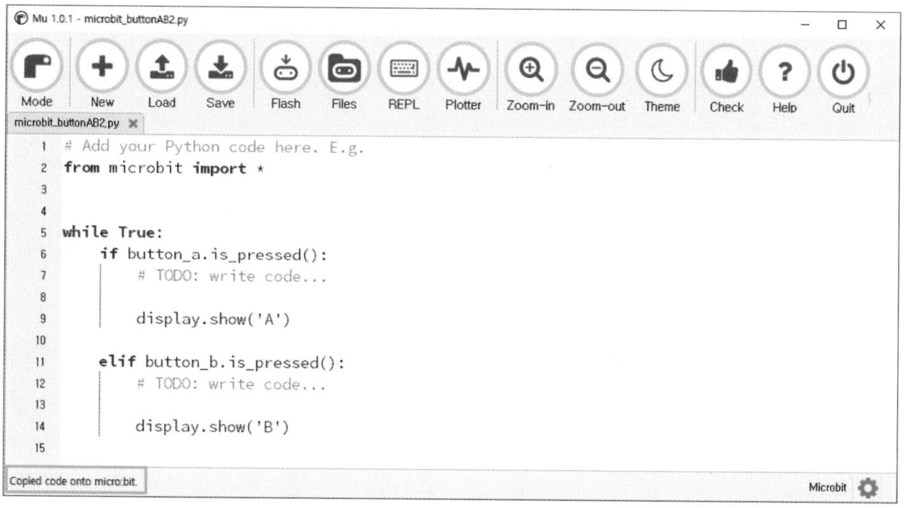

(5) 파이썬 프로그래밍

본 책에서는 상세한 문법의 설명은 하지 않습니다만, 파이썬만의 특징인 에러의 원인이 되기 쉬운 들여쓰기(indentation)와 스페이스에 대하여 설명하겠습니다. 파이썬에는 while이나 if 등의 구문 중에 명령을 들여쓰기를 해야 하는 규칙이 있습니다. 어디까지의 행이 구문에 포함되어 있는가를 알기 쉽게 하기 때문입니다.

들여쓰기에는 탭이나 스페이스를 사용합니다. 스페이스로 들여쓰기를 하는 경우는 하나의 들여쓰기를 4개의 스페이스로 합니다. 더욱 깊은 구문에서는 8개의 스페이스의 들여쓰기로 합니다.

또한, 프로그램의 최종 행은 공백 행이 아니면 에러가 됩니다. 스페이스나 탭이 들어가 있어도 안 됩니다.

그 외에 쉼표로 숫자나 문자를 구별하는 경우는 쉼표 다음에 스페이스가 필요하게 됩니다.

들여쓰기에서 에러가 나는 프로그램의 예를 그림 A.7.8에 나타냅니다.

그림 A.7.8 들여쓰기에서의 에러

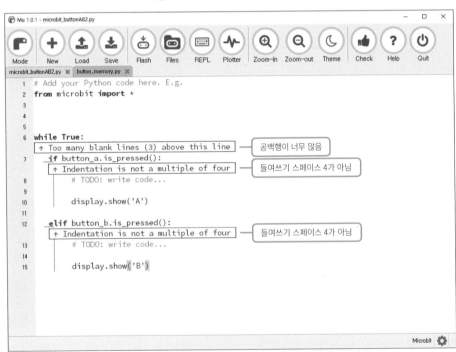

micro:bit의 제어에서 어떠한 함수가 사용되는가는 다음의 도움말 페이지에서 살펴보면 좋을 것 같습니다.

http://microbit-micropython.readthedocs.io/en/latest/

(6) MakeCode와의 차이

MakeCode에서는 [무한반복 실행] 블록을 여러 개 사용할 수 있지만, MicroPython 에서는 프로그램이 병렬로 실행되는 것은 안 됩니다. 이것이 양쪽의 가장 큰 차이입니다.

[무한반복 실행] 블록에 해당하는 무한 루프의 'While True:'는 한 개의 프로그램 중에 한 개만이 가능하고, 기본적으로는 그중에 프로그램의 내용을 쓰게 됩니다(함수의 정의 등은 별도입니다).

'While True:'를 여러 개 기술한 경우에도 에러가 되지 않지만, 실행되는 것은 최초에 기술한 'While True:' 중의 처리뿐입니다.

파이썬 프로그램은 반드시 'While True:'로 전체를 둘러싸야 하는 것은 아니지만, 버튼이나 센서의 변화를 항상 읽어 내는 프로그램에서는 'While True:' 중에 처리를 기술하는 것이 많을 것입니다.

또한, MakeCode의 [A▼ 누르면 실행] [흔들림▼ 감지하면 실행] 등의 블록처럼 'While True:'와 병렬로 사용할 수 있는 기능도 없습니다.

기본적으로는 'While True:'의 루프 중에 함수를 사용하여 센서 또는 버튼에서의 입력을 순서대로 조사하게 됩니다(그림 A.7.9).

그림 A.7.9 버튼 A 또는 B를 누르면 각각 A 또는 B를 표시하는 프로그램

• Python

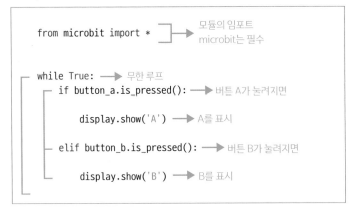

```
from microbit import *          모듈의 임포트
                                microbit는 필수

while True:        무한 루프
    if button_a.is_pressed():        버튼 A가 눌려지면

        display.show('A')        A를 표시

    elif button_b.is_pressed():        버튼 B가 눌려지면

        display.show('B')        B를 표시
```

• MakeCode

(7) 순서 기억 게임의 예

참고로서 제2장에서 소개한 순서 기억 게임을 파이썬으로 다시 작성해 보았습니다. MakeCode의 기능과 MicroPython의 문법 및 'microbit' 모듈의 기능은 다르기 때문에, 함수의 내용 등 약간 바뀌어 있지만 전반적인 흐름은 같게 되어 있습니다(그림 A.7.10).

그림 A.7.10 파이썬으로 작성된 순서 기억 게임

```python
# Add your Python code here. E.g.
from microbit import *
import random
```
→ 모듈의 임포트
microbit은 필수, random은 난수를 사용하는 경우

```python
letters = ['A', 'B']
question = [' ', ' ', ' ']
state = 0
score = 0
```
→ 리스트, 변수의 선언

```python
def judge(button_number):
```
→ 함수 'judge'의 정의, 인수는 눌러진 버튼(A=0, B=1)
```python
    global state
    global score
    result = True
```
글로벌 변수와 리턴용 변수
리턴값은 True로 해 둘 것

```python
    display.show(letters[button_number])
    sleep(500)
    display.clear()
```
→ 눌러진 버튼을 표시

```python
    if question[state-1] == letters[button_number]:
        state = state+1
        if state >= 4:
            score = score+1
            display.show(str(score))
            sleep(500)
            display.clear()
            state = 0
    else:
        display.show(Image.SAD)
        sleep(800)
        result = False
    return result
```
눌러진 버튼이 정답이면
상태를 1 증가
3회 정답이면 점수를
1 증가하고, 상태를 0으로 함
리턴값은 True가 됨

눌러진 버튼이 정답이 아니면
SAD를 표시하고 False를 반환

```python
while running_time() < 30000:
```
→ 30초 동안 실행
```python
    if state == 0:
```
→ 상태가 0이면
```python
        for i in range(0, 3):
            question[i] = letters[random.randint(0, 1)]
```
문제를 작성
리스트 letters에서
무작위로 문자를 추출해서
quesion에 넣음

```python
        for i in range(0, 3):
            display.show(question[i])
            sleep(500)
            display.clear()
            sleep(500)
        state = 1
```
작성된 문제를 순서대로 표시
끝나면 상태를 1로 함

```python
    elif state >= 1 and state <= 3:
        if button_a.is_pressed():
            if not judge(0):
                break
        elif button_b.is_pressed():
            if not judge(1):
                break
```
상태가 1~3일 때는
판정 함수를 실행함
리턴값이 False인 경우는
while 루프를 빠져나감

```python
display.show(str(score))
```
→ 정답이 아니던지, 30초 경과하면 점수를 표시

색 인

마이크로비트 기본 세트 구성

마이크로 비트로 피지컬 컴퓨팅을 할 수 있는 가장 기본이 되는 세트 입니다. 교재에 주로 많이 사용되는 센서들로 구성 하였습니다. 구성되지 않은 부품들은 추가 구매 하셔야 합니다.

홈페이지 : ㈜제이케이이엠씨 (www.jkelec.co.kr / master@deviceshop.net)

쇼핑몰 : http://www.toolparts.co.kr , https://smartstore.naver.com/openhw)

마이크로비트	프로토타이핑 세트	2구 AA 배터리 박스 (On/Off)	3구 AA배터리 박스	미니 브레드보드

압전 부져	서보 모터	LED Red/Green	푸시 버튼 8개	10K 가변저항
초음파 센서	10K저항 10개	1K저항 10개	MCP23S08	TD62783APG

MCP3008	2*2 핀헤더	단선 점퍼 팩	육각 서포터 2개	M3 볼트, 너트 2개

스마트하고 귀여운
마이크로비트
활용 블록 프로그래밍과 전자 공작

| 2019년 | 5월 24일 | 1판 | 1쇄 | 인 쇄 |
| 2019년 | 5월 30일 | 1판 | 1쇄 | 발 행 |

지 은 이 : 이시이 모루나(石井モルナ) ·
　　　　　에사키 노리히데(江崎徳秀)

엮 은 이 : 피지컬 컴퓨팅 교사연구회

펴 낸 이 : 박　　　정　　　태

펴 낸 곳 : **광　　문　　각**

10881
파주시 파주출판문화도시 광인사길 161
광문각 B/D 4층
등　　록 : 1991. 5. 31 제12 - 484호
전 화(代) : 031-955-8787
팩　　스 : 031-955-3730
E - mail : kwangmk7@hanmail.net
홈페이지 : www.kwangmoonkag.co.kr

ISBN : 978-89-7093-929-2　63000

값 : 17,000원